龍族
守護能量全書

連結你的守護龍，迎向2032年地球第六個黃金時代

黛安娜．庫珀 Diana Cooper——著
非語——譯

Dragons : Your Celestial Guardians

目錄

第二部——四維度的龍

第三部——五維度到七維度的龍

第四部——與大天使、大師們共事的龍

第五部——銀河龍

82個練習索引

作者序——

調頻進入龍的頻率

我愛龍，尤其很享受撰寫這本書。當我與這些宏偉莊嚴的存有一起工作時，祂們真正幫助我在靈性上成長。一次又一次，我因為祂們賜予我的信息而震驚不已。我不斷地被提醒，我們生活在一個令人驚歎的宇宙中。

創建我的《龍族神諭卡》（*Dragon Oracle Cards*）的時候，我調頻進入大部分收錄在本書中的龍，但是對這份企畫案來說，祂們給了我許許多多關於祂們自己和祂們的工作的信息。每次我坐下來要寫作，一條龍便靠過來，於是一道光流被下載進入到我的頭腦。與我的任何其他著作相較，這種現象發生得更加強而有力。此外，還有新的龍站出來，要求被納入。

我為了這本書來找我的龍，但是還有許多其他的龍，所以要保持敞開，接受任何出現在你面前的龍。隨著地球意識的提升，更多高頻的龍將會被吸引到地球，幫助我們過渡到新的黃金時代（Golden Age）。

身為處女座，我通常從頭開始，按照已經安排好的每一章來寫。與龍相處卻不是這樣。每次啟動我的筆記型電腦，一定會有一條龍跟我在一起，於是我必須寫下關於那條龍的信息。

有一次，我一直在思考靈性社區，於是決定要將焦點放在橙龍身上。但是這些睿智的乙太存有卻有其他想法。一條來自冥王星的黑色搭配閃亮白色的龍闖進來騷擾我，直到我同意放下原本的意圖，調頻進入祂。這些龍非常清楚地表示，在這本書完成之前，我是在為祂們服務。祂們倒是令我想起我的狗維納斯，她非常清楚自己應該得到的關注。

我將這本書分成四大類的龍，不過祂們全都同等重要，也全都還在服務。祂們只是身負不同的任務。我介紹美麗的列穆尼亞龍（Lemurian dragon），以及祂們如何在我們的日常生活中提供諸多幫助。然後我們會見五維到七維的龍，祂們擴展我們的意識和靈性道路。在關於與大天使和大師們共事的龍那一部分，祂們讓我們看見祂們與天使和大師們合作，以及支持天使和大師們的奇妙方式，因此祂們全都共同為我們的幸福和揚升而努力，將我們的振動提升到「明光」（Light）的層級。

在戶外注視繁星璀璨的夜空時，我感覺到與銀河龍特別合拍，尤其享受祂們的臨在。

這些令人驚歎的生物，有些正在幫助我們重新構建DNA，其他則正在帶領我們進入通向其他宇宙的不同星際之門。大部分的銀河龍，正在將我們連結到各行星中保有的智慧。在進行祂們賜給我的觀想旅程時，我曾經體驗到十分強大的光之下載，我希望你也體驗到。

當你閱讀本書且調頻進入龍的頻率時，你可能想要成為「御龍大師」（Dragon Master）——可以指揮龍的力道的人。當然，由於你在今生和其他前世已經完成的功課，你可能已經是御龍大師了。

龍族提醒我們，精通嫻熟龍的旅程是三重的。

首先，培養女性和男性龍的特質，讓你始終都是平衡的。女性龍的特質是善良、關懷、有愛心、有耐心、療癒、心胸開闊且充滿希望等等。男性龍的特質包括力氣、力量、心智和情緒操控、決心、勇氣、做出明確決定的能力等等。

其二，要嫻熟掌握元素們。

其三，隨時運用力量保持與你的真理連成一氣。

龍將會尊重你且與你共事，使你成為一盞指路明燈。

龍族希望這本書可以讓你敞開來接受祂們的臨在，讓祂們可以在你在地球上的時候為你服務。祂們可以在諸多方面幫助你。就跟天使一樣，你唯一要做的是：請求！

第一部

龍族的歷史

引言

龍是天使界的睿智存有，祂們與天使在不同的波長上，但是基於至善共事，每一位都執行著自己分配到的任務。

龍是極其睿智、勇敢、心胸開闊的存有，從地球誕生以來就一直為我們的星球服務。祂們與人類和地球非常有緣，而且很愛人類和地球。如果一條龍成為你的同伴，祂支持你，而且那份連繫是牢不可破。你的龍一定會在每當你需要祂的時候回到你身邊。

祂們照看著我們，守護著我們世界的寶藏。這些是貯藏在某些水晶、岩石、樹木之中的智慧，是隱藏在某些洞穴裡的魔法，是山脈的歌曲或自然界的奧祕。

祂們可以創造物質以及解構物質。換言之，祂們可以在物質上具化成形，也可以破壞毀滅。天使們保有願景，而龍族則顯化願景。

就跟天使界的所有存有一樣，只要是基於至善，你的吩咐，祂們照辦，但前提是，你要請求。

第1章

認識神奇的龍族

龍是元素精靈（elemental）。這意謂著，祂們不像人類那樣，四種元素全都有。祂們可以擁有土、風、火或水，或是結合任兩種或三種元素。

這樣說好了：

- 天使和獨角獸屬於風元素。
- 小仙子（fairy）、西爾芙（sylph）、乙薩克（esak，最近才從另一個宇宙來到地球的新型元素精靈，為的是淨化地球，迎接新的黃金時代），是風元素精靈。
- 丑妖精（goblin）、地精（gnome）、淘氣小精靈（elf），是土元素精靈。
- 美人魚、水仙女昂丁（undine）、奇希爾（kyhil，比較新的元素精靈，最近才從另一個宇宙來到地球，為的是淨化地球，迎接新的黃金時代），是水元素精靈。

- 火蜥蜴（salamander）是火元素精靈。
- 小惡魔（imp）、小妖精（pixie）、半人半羊農牧神（faun）等等，擁有不只一種元素。

所有元素精靈都屬於天使王國，但是扮演不同的角色且在不同的頻帶上操作。當我們提升自己的振動層級，調頻進入祂們的波長就變得愈來愈容易。

龍、天使、獨角獸、自然界的精靈們沒有自由意志，只有人類才有自由意志。天使的角色是侍候上帝，幫助人類、動物、自然界。

風元素精靈

所有的風元素精靈都會激勵你，吹走老舊，帶來更高階的能量。

風龍隨時準備好，要清除你的住家或你頭腦裡的乙太蜘蛛網，創造更高階的能量漩渦取代它們，祂們可以噴火。

火元素精靈

所有火元素精靈燒掉並蛻變較低階的能量，讓新的能量可以進來。

火龍是極其威力強大的。如果你請求，祂們會在你個人、你的住家或你所愛的人們周圍，創建一圈乙太火牆，清除對你造成衝擊的能量。

土元素精靈

土元素精靈照顧土壤，清除土地的低階頻率。

土龍維護「雷伊線」（ley lines，譯註：又名「地脈」、「靈脈」，指地球各代歷史建築與重要地標畫出的對齊直線，有人相信這是地球的能量線），清除地表之下的負面能量。祂們可以噴火。

水元素精靈

水龍跟蛇一樣光滑，祂們無論去哪裡，都攜帶著宇宙的愛。水無處不在，不只是存在湖泊裡和海洋中，也存在大氣中和人體的細胞內。這些心胸開闊的巨大生物流暢地移動，將基督之光散播到整個宇宙。祂們不會噴火。

龍的形狀

銀河聯邦理事會（Intergalactic Council，由十二位為地球進化做出決定的強大存有組成的團體）在「本源」（Source）的指導下，為龍選擇了爬蟲類的形狀，讓祂們可以輕易地滑翔和穿越維度，進入其他存有無法進入的狹窄空間。

祂們長期在這個宇宙和其他宇宙服務，祂們的心因為愛而十分明亮，更因此長出了乙太翅膀。隨著頻率的提升，祂們的翅膀變得更加空靈。

調頻進入龍

龍是我們的古代歷史的一部分，故須了解祂們被編碼到我們的記憶庫之中。既然龍族正在回來幫助我們，這份記憶便在集體意識中變得愈來愈強大，所以現在逐漸變得比較容易調頻進入龍。在你想到一條龍或任何空靈存有的那一刻，祂就來到你身邊。因此，你愈是想到龍或談論龍，祂們就愈靠近。對許多人來說，這份信任龍的臨在就足夠了。

調頻進入龍的波長就像查找廣播節目。你愈是微調與靜心、觀想、祈禱、各種靈性工作的連結，你的溝通就變得愈是清晰明確。

我時常認為人們有不切實際的期待，以為會看見一條絢麗多彩的龍且清楚地聽見祂說的話。對由於許多輩子的靈性修練而具有靈視力（clairvoyance）和靈聽力（clairaudience）的人們來說，這可能是有可能的。不過，多數人只是偶爾有視覺和聽覺閃現，或是有心靈印象，而這就夠了。

運用靈認知力（claircognizance）或知曉的人們，將會接收到下載和耳語。龍必須降低祂們的頻率才能讓人以靈視力看見，所以我總是建議人們信任自己的直覺，因為他們接收到的內容對他們來說是最適當的。

雲中的龍

龍通常非常忙碌和活躍，但是偶爾可能會在天空中休息，因為祂照看著某個專案。就跟所有與我們的星球處在不同頻率的存有或物體一樣，凝結物聚集在祂的周圍。這時候，你在天空中看見龍的形狀（或是天使、獨角獸或飛碟）。即使那個存有已經離開，祂的輪廓還是可以被看作是天空中逐漸消散的雲。

龍族歷史摘要

以下是龍族歷史的簡略摘要。在接下來的章節中，我將詳細介紹龍族的歷史、祂們的角色、以及我們該如何與祂們共事，才能將我們的星球恢復到它在宇宙中應有的地位。

1. 龍出現在安加拉（Angala，地球初誕生時期），而且幫助安加拉成形。
2. 在派特尼姆（Petranium，繁衍了非洲的古老文明）的黃金時代，龍族運用水晶，保持通向星星的能量之門（portal）暢通無阻，讓人們可以取用恆星的智慧。祂們確保水在對的地方灌溉。

3. 在姆大陸（Mu）的黃金時代，龍族形成了地球、天狼星（Sirius）、海王星、昴宿星團（the Pleiades）和獵戶座（Orion）之間的鏈接，保護了保存在每一個星球或星座的中空中心（Hollow Centre，一個能量空間或宇宙脈輪）內的藍色海藍寶智慧火焰。姆大陸的存有們熱愛山脈，保持了山脈的歌曲和諧同調。龍族至今仍舊保護著山脈和他們的音樂。

4. 列穆尼亞（Lemuria）黃金時代的乙太存有們很愛地球，因此在列穆尼亞文明末期，他們創造了內含星星智慧的液態水晶。從二〇一二年到二〇三二年這段期間，這些水晶專門用來幫助我們的星球。龍族幫忙將這種液態光置於岩石的裂縫裡，好讓列穆尼亞水晶可以重新出現，在現今協助我們。

5. 在為亞特蘭提斯的黃金時期（Golden Era）做準備時，龍族形成了波賽頓丘（Hill of Poseidon），在波賽頓丘上建造了收藏大水晶（Great Crystal）的神廟（大水晶保有大祭司和女祭司們下載到各個神廟水晶的信息）。在這整個時期，龍族費盡心血保護大水晶，守衛人民、大陸，且讓通向恆星的能量之門在能量上暢通無阻。在亞特蘭提斯末期，龍族被晉升到第五維度，作為祂們的偉大服務的獎勵，但是祂們婉拒了，因為祂們說，在二〇一二年之後，人類勢必需要祂們的幫忙，這種靈性上的犧牲現在正在得到回報。

6. 當波賽頓神廟坍塌時，大水晶落入百慕達三角的中心，水龍繼續保護它。它不僅是一台由「本源」能量驅動的先進電腦和發電機，而且是一扇銀河系際能量之門。龍族看守著所有穿過這扇能量之門的存有。

7. 目前，愈來愈多的高頻龍和銀河系際龍正在返回，為的是克盡祂們在地球揚升中的職責。

第2章 龍族與地球的誕生

億萬年前，「本源」與這個宇宙的銀河聯邦理事會協商，決定創造我們這顆獨一無二的星球。這個願景被保留在上帝的頭腦中，同時龍族記錄了這個概念，幫忙創造物質的地球和岩石。

形成地球的能量爆炸需要火龍和風龍，因此祂們為了這個目的按時抵達。土龍為地球的物質顯化，提供了土元素的能量。

水龍啟動基督之光，也就是純愛的金白色能量，在地球誕生時四處流動，流過整個地球。當龍用慈愛的保護圈住這個世界時，一層又一層的金色天使圍繞著地球，為地球光榮地唱著神性的願景。因此，地球誕生在一圈金色的防護膜裡，於是這顆星球上名為「安加拉」的第一個黃金時代，就這樣開始了。

安加拉是永恆的時刻

時間不是我們理解的線性。

當你處在三維的實相中，時間似乎過得非常緩慢。通常這類實例是，看著那只眾所周知的水壺需要很長的時間才能煮沸。如果你不耐煩地等待著，時間確實看似會拉長。這只是因為，不耐煩的等待是一種三維的、低頻的特質。如果你在寒冷、潮濕、淒慘的情況下等待十分鐘的交通工具，它似乎會漫無止境地遲遲不來。如果你很開心，天氣晴朗，那十分鐘便一閃而逝。

幸福、愛、和平、美麗、平衡是五維特質的一部分，當你處在這些狀態之一的時候，時間似乎會加速。

你的頻率愈高，時間似乎愈快速地經過。在十二維頻率，所有時間都是同時的。從那個視角，沒有過去或未來，一切都是現在。

安加拉是在上帝的頭腦中孕育的，在十二維的頻率，於是拉長的時間凝結成一個瞬間。因此，它是一個永恆的時刻，你可以為任何特殊專案的開始取用安加拉時刻。

如果你在安加拉時刻開始新的事業、關係或其他任何事情，你正在自動地召請地球誕生的動力來推動它前進。你有意識地或無意識地用唱歌的天使們圈住你的願景，用龍的力量和獨角獸之光祝福它。

在地球時間裡，安加拉可能只持續了幾分之一秒，但它永遠祝福我們。

練習 1

為某個新點子或專案取用安加拉時刻

1. 找到一個你可以安靜下來、不被干擾的空間。
2. 閉上眼睛，讓自己歸於中心。
3. 想像金色的根從你的雙腳下行，進入你下方的大地。
4. 想到地球的誕生。
5. 看見火龍、風龍、土龍正在創造地球的巨大球體。
6. 留神觀察水龍在地球周圍流動和起伏，將基督之光傾瀉在地球周圍，直到地球處在金色的愛的防護膜之中。
7. 覺察到地球周圍的天使們，祝福著地球，為地球唱頌著神性願景。

8. 現在將你想要誕生的點子投射到畫面的中心。

9. 知道龍族和天使們正在幫忙誕生出你的夢想。

10. 感謝祂們，睜開眼睛。

第3章 派特尼姆時期的龍

地球上的第二個黃金時代，是非洲境內的派特尼姆時期，這是繁衍了非洲種族的古老文明。非洲是由七維的發光存有艾芙菈（Afra）監管，祂是「御龍大師」。

在非洲的黃金時代期間，整個非洲大陸都被明亮的青翠植被所覆蓋，土壤是肥沃的。

在這個黃金時代開始時，居住在這裡的存有是乙太兼七維的。他們取用礦物質，將自己的能量與土壤的能量合併，然後將這些礦石散布到陸地最需要礦石的地方。因為與龍族合作，派特尼姆的存有們能夠移動雲朵，促使雨落在需要的地方。

與恆星連結

在那個時候，水晶是醒著的，將光向外傳送到星星。龍族與那個時代的「人們」共事，確保他們透過水晶完全連結到星星。龍族也幫忙保持能量之門暢通無阻。

一直到這份連結減少，居民的頻率降低，變成物質的。他們吃的食物和炎熱的氣候，決定了他們皮膚是黑色。他們全都致力於療癒和溝通的藍色光束。

南非——地球的太陽神經叢脈輪

南非是地球的太陽神經叢脈輪（solar plexus chakra）。你個人的太陽神經叢脈輪，當它是三維的時候，它吸收你身邊的恐懼。唯有當你成為五維的時候，你的太陽神經叢脈輪才會蛻變所有的恐懼，成為一顆光輝燦爛、生氣勃勃、光芒四射的金球，擁有知識、真實的自我價值、智慧。因為地球是這個宇宙的太陽神經叢，因此這個宇宙的恐懼貫穿南非。正是這點阻礙了整個非洲。

龍族正耐心地等待著，要滌淨水晶並照亮它們，讓水晶與它們所持有來自各個宇宙且令人讚歎的知識重新連結。當這種情況發生時，南非將會成為光芒四射的金色之地，所有居民都擁有真正的自我價值和智慧。他們一定能夠照亮地球，在不破壞地球結構的情況下取用礦物質，控制水域並引導雲層，讓雨落在對的地方。蘊藏在水晶裡的信息意謂著，非洲是未來地球灌溉的關鍵地方之一，屆時地球將會非常需要它。

原始存有

某些派特尼姆的原始存有，以七維的頻率留在祂們的乙太身體內，為的是引導和幫助非洲。目前，感應到祂們的臨在的人們很害怕祂們，但是隨著振動提升，人們將會再次好好聆聽祂們。

行星服務工作

對於這項工作，你需要繪製或列印一張非洲地圖。如果你想要這麼做，把地圖塗上顏色，讓它能量滿滿。現在點燃一根蠟燭，將它獻給非洲的療癒。接下來，找到一塊鵝卵石或石英晶體（如果有的話），拿著它在火焰上方，藉此啟動它。請求龍與你療癒非洲的意圖一起運作，然後將鵝卵石或水晶放在地圖上。將地圖放在你的祭壇上或某個安全的地方，在那裡，你可以繼續與水晶一起運作一週時間。

練習 2

清理和照亮非洲的水晶

1. 如果你有石英晶體，單手握住一塊。
2. 找到一個你可以安靜下來、不被干擾的空間。
3. 閉上眼睛，讓自己歸於中心。
4. 想像金色的根從你的雙腳下行，進入你下方的大地。
5. 呼喚成千上萬的土龍盤旋穿越非洲底下的陸塊，清除老舊能量。
6. 派遣成千上萬的水龍將基督之光散播在非洲的水域裡。
7. 請求成千上萬的火龍燒掉非洲表面的三維振動。
8. 祈請成千上萬的風龍吹走卡住的能量，鼓舞當地的人民。
9. 邀請龍和天使們清理和滌淨水晶。

10. 看見龍照亮那些水晶，讓它們重新連結到星星。
11. 觀想星星的智慧如同祝福，落入地球上善於接受的人們的頭腦中。
12. 感謝龍，睜開眼睛。

第4章

姆大陸時期的龍

姆大陸是列穆尼亞之前的文明，當時的存有是乙太的，從來沒有化成物質形相。他們是太平洋黃金時代的締造者，在四維的頻率振動，而且一直到十一維的偉大發光存有伏斯盧大人（Lord Vooslo o）到來，用明光照亮他們，這個文明才大幅躍進，揚升進入第五維度。

保護山岳的和諧

他們的每一首歌的曲調，取決於在山脈中發現的金屬、礦物質、水晶、寶石以及他們已經吸收的能量。姆大陸的居民與山脈特別有緣，而龍族保護了他們當時發出的和諧。龍族目前仍舊保護著我們星球的巨大山脈。然而，許多山脈現在走調了，該是滌淨它們，讓它們再次回復和諧的時候了。

與揚升合作

姆大陸的存有們，對我們的地球以及海王星、獵戶座、天狼星、昴宿星團有著極大的愛。這五個行星、恆星、星座一直有著特殊的關係。它們現在全都在揚升，而且幫忙保有彼此的能量，好讓我們全都可以一起完全揚升到第五維度。

姆大陸的存有們與地球的金龍、海王星的海藍寶龍、獵戶座的純白龍、天狼星的綠金龍、昴宿星團的藍色療癒龍合作，為的是保持我們之間的鏈接全都強健無比。

地球、海王星、獵戶座、天狼星、昴宿星團各有一個「中空中心」，其內是智慧、愛、療癒的海藍寶藍色火焰。這是由大天使麥可（Archangel Michael）和天使瑪麗（Angel Mary）的光芒，以完美的男性與女性平衡形成的。

姆大陸的存有們在中空地球（Hollow Earth）裡的乙太「麥達昶立方體」（Metatron Cube）內，仍然保留著其他四個星系連結的智慧，而且這是被許多龍保護著，由水晶黃龍監管。

練習 3

幫助諸龍送回姆大陸黃金時代的智慧

1. 找到一個你可以安靜下來、不被干擾的空間。
2. 閉上眼睛，讓自己歸於中心。
3. 觀想你自己正站在西班牙境內安道爾侯國（Andorra）的一座白雪皚皚的聖山山頂的龍門內，感覺到純淨的能量。
4. 想像金色的根從你的雙腳下行，進入大地，向下穿過山脈，進入中空地球的中心。
5. 覺察到金龍們旋轉著穿過你的根部，進入中空地球大金字塔（Great Pyramid）中心的藍色海藍寶火焰，看見火焰亮起。
6. 然後抬頭看見昴宿星團的藍龍們，飛到昴宿星團中心的藍色海藍寶火焰，看見火焰亮起。
7. 接下來，想像海王星的海藍寶龍們飛到海王星中心的藍色海藍寶火焰，看見火焰亮起。

8. 觀想獵戶座的純白龍飛到獵戶座中心的藍色海藍寶火焰，看見火焰亮起。
9. 最後，想像天狼星的綠金龍飛到天狼星中心的藍色海藍寶火焰，看見火焰亮起。
10. 請求諸龍繼續鏈接地球、昴宿星團、天狼星、獵戶座、海王星，留神觀看祂們正在建立連結。
11. 請求地球的金龍們以及昴宿星團、天狼星、獵戶座、海王星的諸龍，建立你的內在的連結。
12. 覺察到天使們唱頌著，使世界進入和諧，讓那些振動流經你的上方。
13. 睜開眼睛，知道你和諸龍們已經為這個宇宙服務了。

第5章

列穆尼亞時期的龍

列穆尼亞是亞特蘭提斯之前的黃金文明，來自許多宇宙的存有們蒞臨參與新的體驗。那時候，他們沒有物質身體，而且是雌雄同體。他們不是個體，而是宛如一股五維的和諧化力道，飄過這個宇宙，觸碰和治癒需要他們的地方。總是有大隊的列穆尼亞龍陪伴和保護他們。

熱愛地球

列穆尼亞人特別熱愛地球，他們珍愛在這裡發現的樹木和整個自然世界。

他們從「本源」透過「宇宙之心」（Cosmic Heart），將愛和光吸引到中空地球的中心。他們也充滿愛意地鏈接，進入海王星、獵戶座、天狼星、昴宿星團的揚升恆星、行星、星座。

列穆尼亞水晶

列穆尼亞文明近末期時，列穆尼亞人創造了極為純淨和強大的療癒水晶。他們合併來自「本源」的能量，以及來自許多恆星、行星、地球本身的氣場的特定品質，藉此做到這點。龍族將這股能量物質化，最終將液態水晶置於地球內的裂縫裡。從那裡，能量流入雷伊線，從內部照亮整個星球。列穆尼亞人特別創造了這些水晶，為的是幫助人類度過新黃金時代開始之前的目前這二十年。他們知道，我們現在會需要他們的療癒屬性。從那時候開始，龍族就一直保護著令人讚歎的列穆尼亞水晶。

你可以請求這些水晶為你打開通向龍族王國的大門，然後你可以呼喚特定的龍來到你面前，這些龍能夠與你的能量一起運作。透過龍族王國，你可以取用列穆尼亞的智慧。

保護列穆尼亞的智慧

龍族保護著列穆尼亞的智慧。列穆尼亞人最大的天賦是他們熾熱的、完全敞開的心。他們熱情地愛著，將愛大大傾注給這個星球的樹木、山脈、河流、生物。他們的愛是無條件且超然的。

他們掙得的另一份寶藏是「一」（oneness）。他們一體行動，移動到需要他們的地方。他們分享一切，包括他們的意識，而且將意識集中成為單一的願景，也就是療癒和散播團結統一。現在密封在他們的水晶裡的列穆尼亞療癒能量，是純淨而強大的。

他們了解豐盛意識，生活在等量的付出和接受的流動之中。因為有大大敞開的心，他們直覺地感受一切有情眾生，包括水晶、山脈、樹木。他們的愛有助於保有高頻率。

這種意識是列穆尼亞寶藏的一部分，儲存在海王星和中空地球中，由龍族保護著。如果你想要調頻進入它，吸收那份智慧，不妨請求龍族幫你取用。

列穆尼亞水晶是他們的寶藏的另一部分。這些是宇宙的鑰匙，使你能夠打開通向祕傳知識和智慧的大門，只要那些祕傳知識和智慧是你已經準備好要取用的。

中空地球

中空地球是地球中心的七維脈輪，在那裡，曾經存在於地表的一切都以乙太形式保存著。如果你進入中空地球的列穆尼亞部分，可以穿過一扇能量之門進入龍族王國，取用龍族的知識和智慧。

偉大的揚升大師——聖母馬利亞

聖母馬利亞（Mother Mary）這位偉大的揚升大師（Ascended Master）在列穆尼亞時代被稱作「瑪拉」（Ma Ra），祂以明光照亮了那個時期。祂通常與獨角獸有關聯，時常被看見身邊有一隻獨角獸，但是在列穆尼亞時期，龍族與祂共事，而且始終按照祂的吩咐辦事。

練習 4

與列穆尼亞的諸龍們連結

1. 找到一個你可以安靜下來、不被干擾的地方。
2. 如果有可能，點燃一根蠟燭，提升振動。
3. 閉上眼睛，放輕鬆。
4. 祈請聖母馬利亞來到你身邊，想像祂把你放在一顆柔和的藍光球中。
5. 邀請列穆尼亞龍在你周圍編織祂們的慈愛能量。
6. 其中一條龍靠近你，於是你坐在祂的背上。
7. 你正與祂一起飛到位於夏威夷的列穆尼亞能量之門。
8. 你進入那扇門，發現那條龍正帶著你向下進入中空地球。
9. 你置身在一個白金世界裡，充滿列穆尼亞的記憶。
10. 你的龍帶你進入另一扇通向龍族王國的能量之門。
11. 覺察到成千上萬的龍正在休息，等待著在地球上行動的召喚。
12. 一條龍拿著一顆用列穆尼亞的智慧和諸龍的智慧編碼而成的乙太水晶。
13. 你恭敬地拿起那顆水晶，將它貼到你的第三眼，好好放鬆。

14. 當你歸還它時，要知道一扇或多扇通向祕傳智慧的門戶已經在你內在打開了。

15. 你的龍帶你回到你們開始的地方。

16. 感謝祂，睜開眼睛。

第6章

亞特蘭提斯時期與現今的龍

當銀河聯邦理事會決定進行亞特蘭提斯黃金時代的第五次、也是最後一次實驗的時候，龍族被召喚來塑造這片土地。祂們協助創建了波賽頓丘，在這裡，大祭司（High Priest）和女祭司們建造了神廟，廟內放置著由純淨的「本源」能量驅動的「大水晶」。大水晶為整個大陸上的高頻能量圓頂（Dome）提供動力。這個無形的屏障起到了保護氣泡的作用，因此任何東西和任何人都無法進入、干擾或離開它。這個亞特蘭提斯時期是一項對照實驗，而龍族盡了祂們的職責，幫助它成功。

在這整段時間裡，祂們費盡心血保護了大水晶。祂們還守衛人民、大陸，且讓通向恆星的能量之門在能量上暢通無阻。在這個亞特蘭提斯時期即將結束時，龍族被晉升到第五維度，作為祂們的偉大服務的獎勵，但是祂們婉拒了，因為祂們說，二〇一二年之後，人類勢必須要祂們的幫忙。多麼令人難以置信的犧牲啊！

當亞特蘭提斯的實驗向內爆炸，大部分大陸被淹沒在海洋底下時，大水晶墜落到百慕達三角的中心。水龍們接管了保護大水晶的角色，它不只是一台由「本源」能量驅動的先進電腦和發電機，而且還是一座銀河系際能量之門。

龍族照顧穿過這扇能量之門的所有存有。幾千年來，如果有人在銀河聯邦理事會使用這扇能量之門的時候進入百慕達三角，那個人就經歷了快速的多維度轉換。他們似乎消失了。事實上，他們很快就被龍族帶進另一個維度，一個人類看不到他們的不同空間。就跟死亡一樣，經歷這種體驗是靈魂的決定，它不是偶然發生的。

如今，人類的意識已經提升，因此對進入百慕達三角的人們造成的衝擊是極小的。

一九八七年的和諧匯聚

在一九八七年八月十六日至十七日之間，太陽系中出現了異常的行星連珠。在那個時間，全世界有一段同步的靜心和祈禱時期，被稱作「和諧匯聚」（Harmonic Convergence）。馬雅曆法提到，它標示了地球二十五年淨化的開始，一直持續到二〇一二年的「宇宙時刻」（Cosmic Moment）。

對我來說，它是那些非凡而神奇的時候之一。太陽升起時，我和兩位朋友坐在當地的山頂上。我認識正在該地區的每一個能量點（power spot）靜心冥想的人們，而我們被一條無形的線鏈接起來。那個日出是我曾經體驗過最為光輝燦爛的日出之一，而且我認為，那是第一次，我感覺到內外都被照亮了，它標示了世界的轉變。

那股能量十分深邃，因此聖哲曼（St Germain）代表人類向「本源」請願，讓紫羅蘭火焰（Violet Flame）回歸，清除和蛻變較低階的能量。紫羅蘭火焰在亞特蘭提斯末期已被收回。當時，就跟任何低階意識的人們手中的高頻能量一樣，它一直被濫用。現在，人類終於被認為準備就緒，可以再次適當地使用紫羅蘭火焰來蛻變不再服務的東西。聖哲曼和大天使薩基爾（Archangel Zadkiel），將「蛻變的紫羅蘭火焰」（Violet Flame of Transmutation）歸還給我們。

聖雄能量（Mahatma Energy）是由亞特蘭提斯時期許多偉大存有創造的金白色集體意識池，也在那個時候歸還給我們，以便提升我們的頻率並照亮我們的脈輪系統。

天琴座的星際之門（Stargate of Lyra）打開了一道裂縫，七維獨角獸開始穿過它來到地球，與想要服務的人們連結，而四維龍也開始返回地球。

二〇一二年的宇宙時刻

二〇一二年十二月二十一日上午十一時十一分，期待已久的「宇宙時刻」發生了。預言說是時間的結束，事實上，它標示了二十六萬年亞特蘭提斯時期的結束，開始了二十年過渡到新的「水瓶座黃金時代」（Golden Age of Aquarius），也是這顆星球上的第六個黃金時代，從二〇三二年開始。

在這個「宇宙時刻」，「本源」觸動了這顆星球上、這個宇宙中、所有各個宇宙中每一個有情存有的心的中心，它點燃了每一個宇宙晉升到更高頻率的大運動，揚升（ascension）開始了。

三十三座散發著基督之光的宇宙能量之門開始打開，許多其他的能量之門也打開了。列穆尼亞、安道爾、檀香山的宇宙龍門打開了，大量的四維和五維龍湧入來幫助我們，龍之光歸來了。

二〇一五年發生了什麼事？

天琴座的星際之門完全打開了，允許天琴座的金色白龍，以及許多七維獨角獸和一些不可思議的九維金角獨角獸來到地球。祂們沿著大天使克里斯蒂爾（Archangel Christiel）的一指能量，從天琴座透過月球來到這裡。

水龍們鬆開了祂們在亞特蘭提斯大水晶周圍的保護，大水晶再次升起。一座光之噴泉被送出。不幸的是，大水晶與中央大日（Great Central Sun）赫利俄斯（Helios）略有偏離，因此光只照亮了地球的一部分。由於許多光之工作者的介入，它在二〇一七年完全對齊，而且正在對地球的揚升產生戲劇性的衝擊。

愈來愈多的龍正在大量湧入這裡，幫助我們為新的黃金時代做好準備。

第二部

四維度的龍

引言

四維龍是如此有智慧且心胸寬大的存有，祂們屬於列穆尼亞時期，而且真正地為人類服務。祂們擔任個人的同伴，以許許多多的方式協助我們和地球。

就跟在列穆尼亞時期連結到地球的所有存有一樣，祂們對人類、大自然、我們的星球有著特殊的愛。祂們有份熾熱的渴望，想要幫助我們揚升到新的黃金時代。

祂們正等待著，要協助我們在能量上做好準備，迎接新的金色能量的到來。

第7章

四維龍如何幫助我們？

就跟天使界的所有存有一樣，四維龍希望幫助我們，但是只有在我們請求祂們的情況下，祂們才能那麼做。祂們沒有自由意志。祂們的渴望等於是神性的旨意。話說回來，我們人類可以選擇該做什麼。如果龍、天使或任何發光界域的存有，未經我們同意便介入幫助我們，祂們可能會干擾我們的業（karma），這在靈性法則底下是不允許的。

奇妙的四維龍可以探究深沉、黑暗的振動，那是七維天使或獨角獸無法觸及的。祂們有能力燒掉、吹走或洗掉我們道途中的低階能量或障礙。祂們激勵、保護我們，幫助我們扎根接地等等。

觀音——偉大的御龍大師

龍使我們能夠穿越維度。當你在靜心冥想期間造訪更高階的頻率時，幾乎肯定有一條龍加入你。正是這些非凡的存有，幫助觀音這位發光的「愛與慈悲的女神大師」（Goddess-Master of Love and Compassion），經歷一段兩千年的化成肉身。觀音是偉大的「御龍大師」。在我們目前的集體意識狀態下，人類無法長時間維持物質身體。然而，龍族帶走了祂的「靈」（spirit），為祂將「靈」保留在第六維度，甚至第七維度。當需要的時候，祂會完全返回到祂的五維物質身體內，在那裡，祂會為了維持祂的肉體外殼而吃得清淡，就跟我們每一個人必須做的一樣。

觀音與四維龍以及存在不同頻帶的龍一起工作。

觀音時常被人看見將祂的龍披在肩上，那條龍可以在需要時從那裡立即採取行動。

四維龍的元素們

四維龍內含一種、兩種或三種風、土、火、水元素。這意謂著，祂們可以是風龍、土龍、火龍或水龍，也可以是混合元素——火與水、風與水、風與火、土與水、土與火或土與風。人類是由所有四種元素組成，但龍不是。

土風龍是建設專家，土龍尤其可以移動物質。你可能會看見一條龍在祂幾千年前幫助形成的山丘上休息。風龍會將物質從一處吹到另一處，祂們與風和其他風元素精靈一起工作。火龍是蛻變者。水龍與溪流、河川、海洋一起工作，根據神性計畫（divine plan）侵蝕或沉積物質，藉此移動物質。

與龍相會

如果有可能，創造一個包含所有四大元素的空間：例如，點燃的蠟燭代表火，可以提升能量；或許是一根羽毛或一顆氣球代表風；一塊鵝卵石、一塊水晶或一朵花代表土；一碗或一杯水代表水，你對這些細節的關注使龍族能夠親近你。

如果無法這麼做，不妨在紙上畫一簇火焰、一根羽毛、一條溪流、一朵花，或是某個類似的符號，你可能喜歡在每一個角落放置一個符號。

當你準備好這件事的時候，要覺察到一或多條龍與你同在。你可能會看見、感應到、或感覺到祂們的臨在，或是單純地信任祂們就在附近。

閉上眼睛片刻，讓你的意識為祂們的輸入做好準備。再一次，你可能會也可能不會心知肚明地覺察到這個輸入。

然後，睜開眼睛，拿一張紙畫一條龍。祂可以如你所願地簡單、天真或精緻。這與成為藝術家無關。你應該看看我的畫——就連我的孫子孫女都嘲笑它們。直觀地選擇任何一種或多種色調來為你的圖畫著色。在你這麼做的過程中，你正在打開通向龍族能量的通道。

如果你已經連結到龍族，這個過程將會深化你的鏈接。如果你剛剛開始了解龍族，這就是一趟神奇旅程的開始。

第8章 土龍

土龍（earth dragon）是土元素精靈，祂們熱愛這片土地和我們的星球。祂們可以是所有的棕色色調，從淺棕褐色到棕黑色。就像也是土元素精靈的小妖精和地精一樣，祂們照顧、維護、豐富、淨化土壤。

與雷伊線一起運作

土龍也與雷伊線一起運作。雷伊線（ley lines）原本被稱作龍脈（dragon lines），而土龍幫忙建構它們，因此土龍與雷伊線擁有特殊的緣分，而且負責清理雷伊線。

祂們的任務之一是沿著雷伊線前進，當我們請求祂們解放雷伊線的時候，祂們便照辨。因為人類曾經用人的負面性和戰爭造成了阻塞，土龍必須等待我們請求祂們蛻變那些低階頻率。如果祂們在沒有被請求的情況下治癒了地球，祂們勢必干擾我們已經創造的業力。我們卑鄙的想法和行為在這片土地裡留下了殘渣，現在時候到了，該要釋放殘渣，讓我們心愛的星球得自由了。

一具物質身體包含占據這具身體的存有的好、壞本質。如果這人被埋葬，他的心智、情緒、身體的能量印記，在被清除掉之前便留存在土壤裡。這可能是幾千年。沒有人是完美的，所以最好請求土龍去墳場，無論是史前墳場還是被遺忘的墳場，燒掉並釋放老舊的能量印記。如果屍體被埋在雷伊線上，那麼影響可能是災難性的。最終可能會導致雷伊線沿線都有問題：作物可能會枯萎，樹木可能會死亡，孩童可能會生病。

不只是古代的材料正在阻塞我們的雷伊線。想像一下，在屠宰場底下，在工廠進行養殖的任何地方，在做出貪腐決策或拍攝恐怖電影的建築物底下，土地裡保有的是什麼呢？想想醫院和監獄底下的能量。細想一下，在孩子們的靈魂使命沒有被尊重的學校下方，或是在人們不開心的任何地方，土地的密度如何呢？

土龍可以噴火，所以請求祂們燒掉可能潛伏在地球表面底下的低階頻率。像龍這樣圍繞我們且為我們服務的靈性存有，祂們的愛、慈悲、療癒力量、奉獻是令人驚歎的。請求祂們幫忙只需要一點時間，但是對住家、城鎮、國家或這顆星球，以及星球上的所有居民來說，結果卻可能是重大的。

一段個人經歷

我過去習慣在我喜愛的某些林地裡散步。但是有某個特定區段我會匆匆走過，因為它令我顫抖。最終我領悟到，它是一場古老戰役的發生地，在那裡，人、馬甚至狗都被殺死了。他們的恐懼和疼痛還滯留在這個地方，所以我召請土龍以及「蛻變的紫羅蘭火焰」在那片土地下方工作，清除埋葬在那裡的極度痛苦。我也請求天使們在這個地區上方唱頌療癒之歌，請求獨角獸們用光澆淋它。我每天這麼做，持續三週。那之後，我終於可以開心地穿過樹林的那一區。

土龍是園藝幫手

土龍熱愛園藝以及與土地有關的任何事物。所以，如果你正在種花或種樹，只要發出一個土龍與你同在的想法。祂們可以不著痕跡地幫你做對的事，或是悄悄地告訴你，要添加肥料或水或任何需要的東西。

有許多龍正在努力創造仍然啟發著我們的古老美麗花園，如果你在這樣的地方靜靜地站在美景的中心不動，你很可能會瞥見一條土龍。

讓自己扎根接地

土龍也可以讓你扎根接地。如果你是不接地氣的人——換句話說，你時常感覺有點偏離中心、頭疼或頭暈、生病或通常事事不順——不妨召請土龍來幫你。你唯一必須做的是，請求祂幫你扎根接地。然後信任祂與你同在，幫忙將你的根扎進大地裡。祂可能會不著痕跡地影響你出去好好走走，接地氣，或是吃不一樣的食物。如果你的靈很容易離開你的身體（就跟我人生的前四十年一樣），土龍可能會盤旋在你的頭頂上方，將你的靈推回你的身體內。感覺到完全接地實在是一種解脫。

許多人類變得不扎根接地，因為面對以物質身體存在地球上是不舒服的，所以請求土龍來幫你照管你的人生。

清除障礙

龍非常擅長清除你的道路的障礙。阻塞可能是你自己對某件事或某個人的態度、古老的家族業力、辦公室裡的某人，或你在靈魂層次同意要清除的任何東西。想像它是橫在你的道路上的圓木，你必須跨過去、繞道而行、爬過去或移除掉。

讓能量之門扎根接地

土龍不只幫助人們扎根接地。如果你建立一扇由龍或天使扎根接地的能量之門，祂們一定會幫忙錨定這扇門，使它扎根接地進入「地球母親」（Mother Earth），這樣能量之門在被啟動期間，才可以保持在原來的位置。

在你的住家、花園、辦公室裡或戶外的大自然中，放置一圈石頭、鵝卵石或水晶，將它當作光的能量之門。然後，召請天使們前來庇佑它，召請土龍前來幫它扎根接地。用祈禱和某個意圖啟動它，或是用你的手指頭或水晶棒觸碰每一顆石頭或水晶啟動它。你可能會驚訝地看見或感應到，天使們運用那個圈當作輕易地踏入地球的通道。你可以運用相同的方法製作仙靈圈。

能量之門的創建非常簡單，然而卻可以為某個空間造就十分強大的不同。此外，它不必是為公眾視野設置的。你可以將小小的能量之門放在抽屜或櫥櫃裡，它也會同樣有效。

行星服務工作

我們星球的三維雷伊線系統一直是我們的靈性溝通網絡，而過去一萬年以來，卻是處在被忽視和年久失修的可悲狀態。那些雷伊線，就跟電話線一樣，阻塞了或損壞了，於是純淨的靈性連結變得扭曲或不可能。

在雷伊線交叉或幾條雷伊線主要相交的地方，它們有時候變得糾結或被切斷。作為行星服務工作，你可以派遣成千上萬條土龍，透過網絡去清理、解開、修復、滌淨整個陣（grid）。如果你想像它發著光且完美地運行著，這將會促使土龍們實現你的願景。

五維雷伊線系統目前正在被重建中。它過去活躍於亞特蘭提斯的黃金時期，現在土龍們正在將它從封存中取出，好好擦亮，根據需要清理和修復。迎接新的黃金時代，這是需要被復位的水晶陣。它的頻率比我們向來習慣的頻率要高出許多，而且同樣的，你可以派遺土龍大軍，讓它發光發亮，重新啟動它。

一套新的七維陣現在正在被創造出來，一旦這裡的意識準備就緒，便允許這顆星球在宇宙中占據它應有的位置，你也可以幫助龍族和發光大師（Illumined Master）們建造這套陣。

練習5

移除你人生中的障礙

1. 找到一個你可以安靜下來、不被干擾的地方。
2. 如果有可能，點燃一根蠟燭，提升振動。
3. 閉上眼睛，放輕鬆。
4. 祈請一條土龍，感應到或看見祂沉重緩慢地朝你走來。
5. 伸出手觸摸祂，感應到祂是多麼的堅實和扎根接地。
6. 觀想你自己坐在祂的背上，你們一起沿著一條道路前行。
7. 你覺察到有根圓木橫在路上。你領悟到它代表你生命中一個未解決的問題。

8. 你觸碰那根圓木，然後土龍將它移除掉。

9. 你們一起繼續前行，你知道土龍已經清除了你的無意識心智（unconscious mind）的某樣東西。

10. 你請求土龍蛻變你的住家或辦公室底下的任何負面性。

11. 你們雙雙急降至大地裡，土龍用祂的蛻變之火燒掉任何低階能量。

12. 祈請數百條土龍，請求祂們除去地球雷伊線的阻塞。

13. 想像祂們大批湧入穿越雷伊線，把雷伊線清除乾淨。

14. 感謝全部的土龍。

15. 從你的土龍背上下來，睜開眼睛。

第9章 風龍

風龍（air dragon）是藍色的，也就是晴空萬里的夏日天空的色彩，祂們帶來靈感、希望、輕盈。當一條風龍接近你的時候，祂提振你的精神，如同你在某個有風的日子在大自然中散步。

這有一部分是因為祂們吹掉你心智裡的蜘蛛網，這些是人類往往緊抓不放的陳舊、堵塞、卡住的思維模式和想法。在我們沒有領悟到的情況下，祂們用灰色的乙太材料塞滿我們的腦子。

這就樣，美麗的風龍吹走陳舊的、無用的物質，然後吹入新的、更好的思維模式。當祂們這麼做的時候，祂們帶來希望，喚起新鮮的點子。祂們激起奇妙的創造力和更高的願景。當我們在戶外吹著風的時候，我們往往以為我們讓自己的點子出現。事實上，我們創造了機會，讓風龍或天使將新的概念掉進我們的頭腦中。

因為風龍可以提升你的意識，所以祂們使你能夠從更高的視角看見你的人生、你的模式和情境。如果你覺得受到不公平的對待、感到無聊或沮喪，祂們可以幫你凌駕於你在塵世間的顧慮之上，祂們可以啟發你輕鬆地看待人生。

如果你請求，風龍可以將一漩渦的滌淨能量吹過你的住家、你的辦公室、公共場所和情境，替那裡換上更高頻的光。你甚至可以感覺到空氣在流動。一定會有能量方面的轉換。

改善溝通

風是溝通的元素。風龍運用祂們的力量使你能夠誠實地說話，讓人們感覺良好。請求祂們啟發你說對的事，並留神觀察你的人際關係轉化。當然——你必須好好聆聽。

帶來靈感和新的願景

請求風龍將鼓舞人心的想法吹入老師們的頭腦中，將誠信正直吹入決策者的頭腦中，將聰明的點子吹入發明家的頭腦中，或是將更崇高的夢想吹入有影響力的人們的頭腦中。

風龍可以造就巨大的不同，因為祂們在能量場中攜帶著我們的星球可以達成的全新金色能量的願景。祂們可以為我們所有人取用五維的潛能。就跟天使一樣，祂們可以照亮我們的最高可能性。

風精靈增添樂趣

我愛關於秋天的許多事，其中之一是捕捉落葉。我時常跟孫子孫女一起做這件事，甚至在我獨自一人、沒人在身邊的時候，我也設法捕捉落葉。然後只有我的狗狗們奇怪地看著我，當我抓住一片落葉時，我就許一個願望。

我過去時常請求隨風飛舞的風精靈西爾芙幫我捕捉落葉，現在我邀請風精靈和風龍一起加入這場遊戲。這不僅很好玩，而且有助於培養你和祂們的關係。當一片落葉突然間改變方向、落在你的手中時，要知道風龍們正與你一起樂在其中。

如果你看見窗簾突然間移動，可能是風龍邀請你一起玩。如果你的蠟燭出其不意地開始搖曳閃爍，風龍可能就在附近，可能正在吸引你注意到某位天使的蒞臨，或某位摯愛以「靈」的形式來訪。如果一根小小的白色羽毛在空中飛舞，然後降落在你的腳邊，那麼一條風龍正在按照某位天使的吩咐辦事，帶來某件實物提醒你，祂在那裡。

噴火的風龍

風龍可以噴火。所以，如果祂們正在吹走老舊的東西，那麼噴出乙太火焰蛻變一切可以使這趟清除變得更加強而有力。

一切存有都透過呼吸連結到「本源」。我們的呼吸愈深入，我們吸入的空氣就愈多——換言之，我們吸入的「本源」能量就愈多。當一條風龍與你同在時，祂使你能夠呼吸得更加深入，你便自動地更加連結到「本源」。事實上，只要想想風龍，往往就引發一次深呼吸回應。

練習 6

吸進風龍的能量

1. 舒適地坐或躺著，放輕鬆。
2. 讓你的呼吸變得愈來愈深入。
3. 感應到一條微光閃爍的美麗藍色風龍飛到你附近。
4. 知道當你吸氣時，這條風龍正在幫助你吸入更多的「本源」能量。
5. 感覺到純淨、白色的「本源」之光正沐浴著你的細胞。
6. 將風龍能量吸入你的眉心輪，激勵你。
7. 將風龍能量吸入你的喉輪，照亮你是誰的真相。
8. 將風龍能量吸入你的心輪，讓你的心輪盈滿著愛。
9. 感應到在這個時刻，你的氣場是天藍色以及純淨、閃爍的白色。
10. 放輕鬆，感覺到那條風龍在你身邊飛舞。

練習 7

朝你的夢想跨出下一步

1. 花點時間決定你人生的下一步想要什麼。你甚至可以選擇把它寫下來，因為這麼做有助於錨定你的夢想。
2. 點燃一根蠟燭，召請風龍。
3. 舒適地坐著或躺下，閉上眼睛，放輕鬆。
4. 覺察到美麗、溫暖的藍色風龍繞著房間盤旋，將滌淨、提純的空氣吹進每一個角落。
5. 感應到或感覺到祂們圍繞著你，在你周圍創造一股能量漩渦。
6. 將這藍色和白色的光吸入你的心輪。
7. 一條風龍正在邀請你騎上祂的背。你爬上去，感覺十分安全而放鬆。
8. 你們一起上升，突破穿越，進入某個更高的維度。
9. 從這裡，你可以看見或感應到達成你的下一步所必須面對的挑戰。
10. 你的風龍現在正在啟發你，所以當時機適當時，你說出最機智、勇敢或療癒的話。
11. 你接收到能量，可以運用智慧靠你的力量站穩。

12. 你的風龍帶你飄浮在你的夢想的上方，彷彿你已經實現了夢想。

13. 你需要在這裡休息和放鬆多久，就儘管休息和放鬆，慢慢來，吸收來自你的風龍的協助。

14. 風龍帶你回到你們開始的地方，你感謝祂。

第10章 火龍

這些火紅色搭配橙色的龍以及其他火元素精靈、火蜥蜴，可以燒掉並蛻變低階能量。這允許新能量以更高的頻率取代它們的位置。身為清除專家，火龍（fire dragon）是非常有效的，因為就淨化和釋放而言，火是最強大的元素。

從人類的視角，森林大火或房屋火災是挑戰性十足或艱難的事件。然而，這些事件時常（但並不是每一次）是由「聖靈」（Spirit）指揮的，因為時候到了，該要放下老舊，帶來更美好的東西。注意看林地在火災之後如何再生，美麗的全新生長物從老舊中冒出來，以一大片春天的綠意覆蓋一切。

房屋火災如實地蛻變，可能已經在那個地方保留了或許幾百年的任何負面振動。對相關的個人或人們來說，它通常是一大悲劇和損失，帶領他們穿越一次啟蒙，進入某個更高

的頻率。他們的靈魂指揮了這件事。

火蜥蜴受到人類情緒的影響，如果人們驚慌失措或生氣，火蜥蜴便失控。這可能使火災變得更糟糕。然而，火龍依舊調頻對準祂們的使命，而且做事十分守紀律。如果需要，祂們便添加祂們的火能量，或者如果大火按照神性意圖進行，祂們就撤退。我們的低階意志和感知往往看不見更高的計畫。

用一圈乙太火牆保護自己

火龍是大師級清除專家，祂們將熾熱的火焰指向你請求祂們燒掉的任何東西，蛻變不再有用的低階振動。

如果你請求，祂們會在你個人、你的住家或你的摯愛周圍，創造一圈乙太火牆，用於保護和清除對你造成影響的能量。

所以，請求火龍燒掉你周圍的任何低階振動。舉個例子，如果你正走過某家購物商場，人們到處散發著他們的挫敗和恐懼。如果你的氣場是敞開的，因為你興奮雀躍，乃至因為你疲憊不堪，火龍可以在你周圍安置一圈乙太火牆，讓你不吸收其他人們的負面振動。祂們也會在你面前清出一條路。

如果你在擁擠的火車或飛機上，或任何人們群聚的地方，你的氣場一定會被別人的振動轟炸。記住要請求火龍燒掉不好的氣場，然後在你的周圍安置一圈火牆。

清理你的靈魂通路

火龍不只是蛻變對你的人生造成影響的低階能量，祂們還清理你的靈魂通路，加速你的靈性成長，而且時常會在你還沒有觸及不必要的挑戰之前，就燒掉那些挑戰。

童年和前世

我們全都是自己的前世和童年境遇的產物。部分這些經驗，增強我們或提高我們的價值，而你的火龍可以照亮這些，為你帶來那份前進的能量。

然而，截至目前為止的旅程上，多數人都有過仍有負面能量襲擊和影響我們而我們卻不了解的經驗。舉個例子，你可能有過一或多個前世曾經被處死、勒死或吊死，來自這些的殘餘恐懼或痛苦，可能會導致你今生喉嚨有問題。召喚火龍前來深入探究你的前世，燒掉那些卡住的能量。

每一個人的童年都有挑戰和創傷，這些造成模式重複，直到解決為止。請求火龍幫忙釋放它們，啟發比較快樂的新志向和模式。

親朋好友

你不是一座孤島。當你的家人和朋友安康、快樂時，你要感覺美好便容易許多。火龍希望你感到快樂，所以也請求祂們保護和啟發你所愛的人。

練習 8

蛻變你的模式和習慣

1. 找到一張紙和幾支蠟筆。
2. 想起你想要釋放的模式或習慣。

3. 寫下、畫出或描述那個模式或習慣。
4. 請求火龍幫你釋放它。
5. 用火或火柴小心地燒掉那張紙。
6. 感謝火龍，下定決心要留心那個習慣或模式。

練習 9

燒掉並釋放童年課題

1. 找到一個你可以放輕鬆、不被干擾的地方。
2. 點燃一根蠟燭，獻給你與火龍們的連結。
3. 閉上眼睛，放輕鬆。
4. 祈請一條火龍，看見或感應到祂正以一簇橙色火焰抵達。
5. 覺察到祂的目的感和強度以及祂對你造成的影響。
6. 想到某件艱難且仍舊影響著你的童年記憶或事件。
7. 請求火龍燒掉那份記憶或事件，讓能量上的影響被釋放掉。

8. 想像乙太火焰將它完全清除乾淨。
9. 感謝火龍，放輕鬆，知道你正在讓自己重生。

你可能需要重複這段觀想許多次，但是每一次一定會有些不一樣。

第11章

水龍

水元素精靈是溫和的綠色，像蛇一樣光滑。祂們在湖泊和海洋中感到自由自在，在那裡，祂們順流而行。然而，大氣中也有水，所以祂們也可以隨著宇宙的氣流四處飄流起伏。只是想到一條水龍（water dragon），祂就會在你身邊滑行。

水龍跟其他元素的龍不一樣，祂不會噴火。

保持基督之光流動

水龍維持水域中的基督之光不斷運動，藉此為我們的星球服務。祂們十分心胸開闊，不管到哪裡，都散播著宇宙的愛，因為祂們在本質中攜帶著愛。

我們身體的細胞內含水，所以這些龍也讓基督之光流經我們的身體和動物的身體。你愈是放鬆和放下，祂們就可以愈輕易地觸碰到你的細胞，照亮它們。

當你請求水龍滌淨你身體的細胞時，祂們必會照辦，這將會使你變得更加明亮。放下並臣服，讓祂們可以進入你的能量場，使你沐浴在基督之光中，然後你將會散發出愛和光，而這將會吸引美好事物來到你身邊。

基督之光是保護的，將會庇護你避開周圍的低階能量。它也是具療效的，將會提升你身體內部的頻率，讓老舊模式或疾病可以消融掉，所有這一切將會使你能夠更輕易地走過你的揚升之路。

我的故事

我正經歷著某種啟蒙。這是一次嚴峻的考驗，在此期間，你所有的指導靈和天使都撤離，讓你獨自體驗你的挑戰。當啟蒙結束時，你已經達到了更高的頻率。我在醫院裡病得很嚴重，躺在那裡幾個星期，我所有的指導靈和天使都消失了，只有一條綠色的小水龍坐在我的床邊。我知道祂正在為我持有基督之光，幫助我療癒。

繞過挑戰

當你請求水龍時，水龍便幫助你輕易且慈愛地繞過人生中的障礙。每一個挑戰都是你的經驗河流中的一塊岩石。從水龍的視角，祂們看見那個障礙以及能量如何流過障礙，因此祂們可以找到最輕易的方法，讓水流幫忙繞過障礙。換言之，祂們順流而行。許多人（包括我在內）把自己的人生變得更加艱難，當小心謹慎的方法勢必更加有利且平穩的時候，卻直接對自己的考驗開戰。所以，聆聽祂們的指引是明智的。

促進和諧的關係

水龍也幫助你對人們做出機智而溫婉的回應，於是關係和諧，情境更加輕易。祂們的兩項偉大特質是恩典與和諧。祂們將基督之光注入關係衝突，將金色的愛和光注入它們，藉此撫平不同的觀點和分歧。祂們可以療癒，不僅沖走較低階的能量，而且用較高階的能量取代。

培養心靈能力

水是心靈元素，而這些水龍幫助你培養心靈能力。祂們觸碰你的第三眼，允許眉心輪輕輕打開，藉此做到這點。為此，放輕鬆很重要，所以請求祂們幫你休息和放鬆發條，輕推你與平穩的水流一起流動。有些人自然而然地這麼做，但是其他人發現，水龍的指引對減輕他們的生活壓力，有著不可估量的協助。唯有當你放輕鬆且提升你的頻率時，你的眉心輪才清澈明朗，然後你可以輕易地聆聽你內在的智慧，調頻進入你的心靈印記。信任這些水龍，可以幫你完成和說出那些將會使你的人生平順流動的事物。

練習10

沐浴在無條件的愛中

1. 游泳、沐浴或淋浴。
2. 讓自己浸入水中，同時祝福那水。
3. 召請水龍。

4. 請求祂們用金色的基督之光填滿那水。
5. 想像你沐浴在純淨的無條件的愛之中。
6. 在水中盡情享受，多久都行。
7. 從水裡出來，感謝水龍們。

練習 11

學習順流而行

1. 找到一個你可以安靜下來、放輕鬆的地方。
2. 祈請水龍。
3. 看見或感應到祂們在你周圍起伏。
4. 注意祂們在身後留下一長串光輝燦爛的金白色基督之光。
5. 撫摸其中一條綠色水龍，感應到或感覺到祂是多麼的柔軟而光滑。
6. 請求祂幫助你流過你生命中的某項挑戰。
7. 信任祂正在幫助你。

8. 請求成千上萬條水龍一起流過某個水域被污染的地方，消融掉低階能量，留下一長串的基督之光。

9. 感謝這些水龍，睜開眼睛。

第12章 土風龍

棕色搭配藍色的土風龍（earth-and-air dragon），使你能夠將你的願景帶出來，然後落實它們。祂們很擅長鼓勵你為你的所有夢想增添能量，然後將它們化為現實。

祂們的土面向落實你的願景，使你能夠適當地規劃，確保所有細節精確無誤，那是一種堅實、安全、發號施令的特質，使相關人等信任並依賴你。

風元素用生命力和活力啟發你的願景，也用熱情啟發你傳達你的希望和志向的能力。這是高階能量的特質，吸引對的人們和境遇支持你的意圖，它為你提供採取適當行動所需要的一切。

風土龍是完美的，可以讓你的生命以及你的希望達致平衡。在你祈請這條龍之前，務必確保你的意圖清楚明確，然後請求祂幫助你採取必要的行動，將你的願景顯化成為物質實相。

幫忙凌駕於你的挑戰之上

為了在地球上成長和進化，我們面臨著一系列的考驗和試煉。揚升之路不見得是容易的，不過如果我們散發足夠的光，就會吸引來自靈性界域的許多協助。很容易被困在某個情境或關係之中，或是不斷重複某種模式，因為我們沒有吸取教訓，繼續前進。如果你能夠從更高的視角看見這一切，它可以是莫大的助益。土風龍提供的支持是無價的，因為祂們使你能夠凌駕於挑戰之上，同時保持腳踏實地，讓你可以找到明智的方法應對挑戰，繼續前進。祂們帶來需要的平衡。

請求祂們幫助你理解每一門功課以及功課背後的更高目的，這為你帶來達成感、和諧感、滿意感。

練習 12

使你的脈輪達致平衡與和諧

1. 找到一個你可以放輕鬆、不被干擾的地方。
2. 祈請風土龍。
3. 當一條風土龍靠近你，感應到祂的混合能量，用手觸摸祂。
4. 想出一個你需要解決的問題。
5. 請求祂將深棕色的平衡和天藍色的志向吹進十二個揚升脈輪（Ascension Chakra）的每一個，包括：地球之星（Earth Star）、海底輪（base）、本我輪（sacral）、臍輪（navel）、太陽神經叢（solar plexus）、心輪（heart）、喉輪（throat）、眉心輪（third eye）、頂輪（crown）、因果輪（causal）、靈魂之星（soul star）、星系門戶（Stellar Gateway）。
6. 與這條棕色搭配藍色的龍，一起在問題上方溫婉地滑行。
7. 做這事時要放輕鬆，走你的神性之路時，你一定會有一種新的平靜和均衡感。
8. 這條龍溫和地將你帶回到地球。
9. 感謝祂幫你和諧地向前邁進。

第13章
土火龍

這些棕色搭配橙色的龍是非常威力強大的，擁有土元素的平衡以及火元素的克制狂熱。雖然興奮和熱誠是啟動計畫的磁性品質，但是它們可能會讓事情失控或明顯地虎頭蛇尾。將太多的泥土扔在火上會把火撲滅。當土與火處於平衡時，鼓舞人心的願景可以發生，因為它產生一種克制的能量。土火龍（**earth-and fire dragon**）總是處於平衡，可以廣大無邊地幫忙推動你的事業或家庭生活或其他計畫向前邁進，所以告訴祂們你想要達成什麼，請求祂們幫助你。

龍的服務

在土火龍跟你一起清理地球的雷伊線時，祂們是非常投入的。因為土火龍幫忙建造並維護又名「龍脈」（dragon lines）的原始雷伊線。這些龍脈現在斷裂、糾結或扭曲了。攜帶低頻光會導致溝通不到位。這些雷伊線過時了。

目前，為了承載基督之光和愛，一套五維系統正在鋪設，如此，地球將會準備就緒，迎接新的黃金時代。新的陣將會只傳送至少五維的訊息，它將是一套靈性陣，分享靈感、美麗、和平、一體性和其他高階品質，好讓這些可以快速地散播。

我們愈是召喚土火龍移動穿越雷伊線，五維陣就會愈快速地完成，因此地球將會被一套相互連結的愛的陣圈住。

你也可以透過你的脈輪系統將基督之光帶下來，然後請求土火龍帶著透過你降下來的金色能量，將它散播到最需要它的土地裡。

愛的能量之門

在五維陣的交叉點，愛和基督之光的能量之門正在被錨定。請求火土龍照亮和落實這些，然後請求「宇宙之愛的使者」（Bringer of Cosmic Love）耶穌賜福給這些能量之門。

照亮你的挑戰

在你觸及你的挑戰和考驗之前，先召喚土火龍來照亮它們。這使你可以潛意識地準備好處理它們。這些龍甚至可能會消融掉它們，讓它們消失不見。在龍族的幫助下，你的人生一定會變得輕易許多，於是你將能夠有力量且有自信地穿上金色的「大師級披風」（Mantle of Mastery）。當你對自己的人生負起責任且帶著愛獻身服務時，這件金色披風就是耶穌贈與你的。

照亮環繞地球的五維陣

首先設定你的意圖，要照亮環繞地球的光之陣。現在畫一個圓圈，代表這個世界。接下來，用黃色或金色筆在它上面畫一套陣形。你會看見有交叉點，用帶有橙色火焰的黑點標記這些交叉點。當你這麼做時，要聚焦在為五維雷伊線增添能量。

練習13

療癒挑戰和雷伊線

1. 找到一個你可以安靜下來、不被干擾的地方。
2. 呼喚一條棕色搭配橙色的土火龍來到你身邊。
3. 你撫摸著祂，感應到祂的平衡以及克制的熱情。
4. 告訴祂你面臨的挑戰並請求祂幫忙。
5. 知道這條龍一定會協助你。
6. 請求祂帶你到世界之上，查看正在建造的五維雷伊線陣。

7. 現在，騎上祂的背，俯視著金色線條交錯。
8. 你和那條龍一起為地球服務，觀想金色基督之光的火焰在那些交叉點上。
9. 看見整個世界亮了起來，發光照耀。
10. 感覺到與星星一起閃耀的金色「大師級披風」落在你的肩膀上，你正氣凜然地穿上它。
11. 當那條龍帶你回到你們開始的起點時，好好感謝祂。

第14章
土水龍

這些棕色搭配綠色的龍是溫和而哺育的。土面向提供基礎，讓你的潛能的種子可以在其中生長，而水則滋養種子，使它們能夠繁茂興旺。生命中的所有事物都有一個季節，而土水龍（**earth-and-water dragon**）隨著季節的趨勢流動，因此一切都發生在對你來說適當的時間。

你的種子可能會產生一個新鮮的點子、一個願景，乃至一份新的覺知。就跟任何種子一樣，它們需要得到照顧，才能實現你的希望。請求土水龍以完美的方式協助你，讓你收穫豐盈。

把握新的機會

當新的機會出現時，這些龍也會幫助你。祂們使你能夠遇見對的人，打開以前關閉的大門，讓你充分利用那些改變。

準備迎接全新的開始

可能是你在人生的某個領域得到全新的開始，可能是在生意方面，在某段關係、某間新的住家、旅行或不同的東西方面。土水龍提供堅實的、哺育的、母性的能量，使你能夠感覺到足夠的安全和自信，可以出去完成那件事。祂們庇佑你，讓那件事開花綻放。

在你成功時開心地玩

當你混合土和水時，你創造出泥漿，那是一種可以用來玩耍的奇妙媒介。所以，這條龍為你帶來玩得開心的能量。祂暗示，你不要把你的新機會看得太認真。只是信任它一定會成功同時好好享受那個過程。請記住，泥漿使你能夠建設性地建造。

提供堅實的基礎

如果你正在種一棵樹，你將樹深深地埋在土壤中，確保根部打造堅實的基礎，然後再好好澆水。同樣地，讓土水龍幫你為下一階段的人生提供良好的基礎。

信任你的直覺且據之採取行動

水是心靈的、直覺的、創造的元素，所以這條龍的這些特質將會向你保證，你憑直覺知道該做什麼以及如何利用你的創造力。土元素將會為你的行動奠定基礎，讓你的計畫開花綻放。

練習 14

讓你的創造力綻放

1. 找到一張紙和幾支蠟筆。
2. 決定你想要滋養的人生領域或點子或專案。
3. 召請土水龍，請祂們幫忙你。
4. 畫出一棵樹的輪廓，土壤底下有深深的根。
5. 想想你的願景正在開花綻放。
6. 拿一支粉紅色蠟筆，在樹枝上畫上這棵樹的全部花朵。

練習 15

幫忙顯化你的專案

1. 找到一個你可以安靜下來、不被干擾的地方。
2. 呼喚一條棕色搭配綠色的土水龍來到你身邊。
3. 閉上眼睛，伸出手，感覺祂的皮膚，小心翼翼地用雙手撫摸祂。

4. 對祂描述一個你想要實現的點子、概念或計畫。
5. 詢問這條龍是否將會與你共同創造這個願景。
6. 想像你的夢想，彷彿它已然成形，然後將你的畫面放入一顆氣泡裡。
7. 土水龍拿取你的畫面，將它濃縮成一顆種子。
8. 祂將種子置於肥沃的土壤中並澆水。
9. 當種子準備好要發芽時，這條龍將它慈愛地放進你的心輪。
10. 祂輕輕地將能量吹進你的心輪。
11. 你們倆都肯定地表明，你們將會一起讓這顆種子結成果實。
12. 感謝那條龍，睜開眼睛。

第15章

風火龍

這條藍色搭配橙色的龍，是關於愉快而熱情地傳達你的想法。火元素是有創意且熱誠的，藍色面向則是以鼓舞人心的方式與他人分享你的想法。

擴展你的創造能量

一棟房子正在燃燒，而你打開一扇窗，這時，風元素點燃一顆火球，那可能會失控燃燒，它可能會促使蠟燭火焰跳躍或引起篝火爆炸。然而，龍體內的元素總是處於平衡。一條風火龍（air-and-fire dragon）以完美的方式煽動創造的火焰，祂激起你的獨創性和想像力的火焰。

當你召請風火龍的時候，要期望你的想法變得偉大，你的願景可以擴展到超出你最瘋狂的期待。

這些閃閃發光、藍色搭配橙色的龍酷愛表達自己。如果你是歌手，祂們便將興奮和熱情噴在你身上；如果你是公眾演說家，祂們便將熱忱和非凡魅力吹到你身上。祂們使你感覺生氣勃勃，能夠能量滿滿、狂熱激情地暢所欲言。

這條龍沒有扎根接地的元素，所以祂在你身邊盤旋時，可能會製造騷亂。祂可能會使人不安甚至令人不知所措。這意謂著，能夠讓自己扎根接地對你來說很重要。

加速你的靈性之路

就清理你的揚升之路和蛻變一直阻礙你前進的任何低階能量而言，火是威力強大的元素。因為用風駕馭，你活力而熱情地傳達你的願景，推著每一個人與你同行。興奮和熱忱是非常有磁性的品質，所以召請這條龍確保你像野火一路奔騰，要設法確保你是接地氣且通情達理的。

帶著熱情服務

當你基於至善帶著光和喜悅在服務中提供你的創造力時，一條風火龍被吸引到你身邊。要決定什麼激發你的熱情，而且開始告訴大家它是怎麼一回事。你尚未開發的資源將會被帶出來，所以要好好利用你的天賦和才華，信任風火龍可以幫助你以對的方式運用它們。

追逐你的夢想

風火龍將會激勵你跨越裂隙，快步邁向你的夢想。不要停下來思考。要信任你的直覺且據之採取行動，該是你的靈魂擴展和成長的時候了。

練習 16

放手一搏

1. 找到一張紙和幾支蠟筆。
2. 呼喚你的風火龍，告訴祂你已經準備好要放手一搏。
3. 畫兩座山頂。
4. 畫你自己（畫個簡略的大頭人物即可）自信地從一座山跳到另一座更高的山。
5. 在第二座山頂上畫一扇敞開的金門。
6. 將這幅圖像銘記在心，密切注意來自宇宙的信號。

練習 17

激發你的創造力

1. 找到一個你可以安靜下來、不被干擾的地方。
2. 閉上眼睛，放輕鬆。
3. 呼喚一條藍色搭配橙色的風火龍來到你身邊。
4. 看進祂的雙眼，感受祂散發出來的能量和熱情。

5. 請求祂啟發和照亮你的創造力。
6. 留神觀察風火龍將奇妙的藍橙色火焰噴在你身上。
7. 當藍橙色火焰閃爍貫穿你全身時，它正在將你的創造力、才華、願景積聚成一團火球。
8. 祂正朝著你的揚升之路發射那顆創意之火和表達的火球。
9. 看見你的光之路變得清晰而美麗。
10. 當你表達你的熱忱和熱情時，看見自己威風凜凜地沿著你的道路大步前進，從你的嘴裡吐出創意之火。
11. 想像那火正照亮著、激勵著你身邊的人們。
12. 要知道，只要你需要祂，風火龍一定會繼續與你同在。
13. 感謝祂，睜開眼睛。

第16章 風水龍

這些藍色搭配綠色的美麗風水龍（**air-and-water dragon**）輕盈而流暢。當你將空氣（也就是「風」）加入水中時，它閃閃發光，產生氣泡，所以如果你想要感受快活有生氣且興高采烈，不妨召請風水龍。事實上，如果你感覺到沮喪或卡住，不妨請求這些空靈的存有提振你的精神、激勵你。

風啟發靈感，水則流動，因此兩者在一起，祂們為你的人生帶來喜悅和自在。這些龍使你洋溢著幸福和希望的泡泡。

連結到更高的頻率

由於祂們的輕盈以及順流而行的能力，風水龍提升你的振動。祂們在你身邊盤旋，將基督之光注入你，將你吹進更高的維度。由於這種能力，祂們幫助你連結到更輕盈的頻率。祂們使你能夠從更高的視角看見，感知到繞過你的問題的新方法。如果你需要找到方法來應對你人生中的某人或某個情境，不妨請求風水龍引導你。

開發你的心靈和靈性天賦

風水龍有一種獨特的方法，幫助你開發你的眉心輪（它也是你的心靈中心）。召喚祂們與這個充當水晶球的脈輪，在五維層次一起運作，要知道這條龍一定會永遠為你的至善而努力。

根據你的眉心輪的需求，風水龍的水面向可以清洗和滌淨水晶體，然後風會將它吹乾，或是風的部分將會吹走任何乙太的灰塵、蜘蛛網或薄霧，然後水的面向將會清洗它。祂們將會持續以你可以應付的速度滌淨你的眉心輪，這自動地磨練你的心靈才能，為你帶來清明和願景，因此祂們鼓勵你信任自己的直覺和其他靈通能力。

與此同時，這些龍將會提升這個脈輪內的頻率，喚醒和啟動可能潛伏在這裡的更高天賦、神聖力量和智慧。然後祂們將會使你能夠基於至善而運用你的天賦。祂們也會保護你的眉心輪，而且，如果有必要，召請其他的龍和天使，確保你的真實力量是安全的，沒有人可以伸手進來竊取它們。

消融掉幻相的帷幕

有七道「幻相的帷幕」（Veils of Illusion）遮蔽你的第三眼。風水龍其實很擅長先幫你吹掉那些幻相，然後再清洗第三眼的水晶體。這使你能夠從更高的視角清晰地看見，也是通向開悟的旅程，你可能已經完全或部分地移除掉這些帷幕。

第七道帷幕在第三眼前方大約半公尺的地方，它是紅色的。當你體認到你在自己個人的靈魂旅程上而且知道一切都是愛和光的時候，風水龍就可以幫你消融掉這道帷幕。

第六道帷幕是黃色的。相信且信任靈界，運用你的眉心輪傳送療癒和更高的思想。當你這麼做的時候，風水龍就可以幫你消融掉這道帷幕。

第五道帷幕是粉紅色的。無條件地愛著世界上的每一個人，當你這麼做的時候，風水龍就可以幫你移除掉這道帷幕。

第四道帷幕是綠色的。尊重且與動物、大自然、元素精靈王國共事，也運用你的思想和願景的力量正確地創造和顯化，當你這麼做的時候，風水龍就可以幫你融化掉這道帷幕。

第三道帷幕是淺藍色的。表現得好像你是天使或發光者（Illumined One），當你這麼做的時候，風水龍就可以幫你清除掉這道帷幕。

第二道帷幕是暗藍色的。體認到一體性且接受神性的豐盛，當你這麼做的時候，風水龍就可以幫你驅散這道帷幕。

第一道最終帷幕是透明的。滌淨你的眉心輪且生活在第七維度中，然後風水龍可以幫你吹走這道帷幕。

調頻對準海王星

當你的眉心輪是完全五維的，風水龍將會與大天使拉斐爾（Archangel Raphael）以及祂的龍一起工作，建立和保護從眉心輪到海王星的鏈接。海王星是更高靈性的星球，它的揚升面向被稱作「陶提雷」（Toutillay），當你的眉心輪與陶提雷之間有一條純淨的光通道時，你敞開接受宇宙的豐盛，以及關於我們的世界和這個宇宙的開悟理解，你將會從得到啟迪的有光視角看見一切。

表達你的真實音符

光輝燦爛的風水龍喜愛與你的喉輪一起運作，祂們有能力進入這個非常敏感的中心，洗去陳舊、卡住的能量，那樣的能量使你無法清晰而真實地說話。然後，祂們啟發你表達你的本質。

這個脈輪保有來自前世的阻礙和創傷，當時沒有按照家長式統治社會的要求說話或行動，意謂著可怕的後果或死亡。幾乎每一個化身成為女性身體的靈魂，都學到為了求生存而順從，許多男性也是如此。同樣的情況適用於兒童，他們壓抑自己天生的渴望，設法取悅成年人。該是讓真理和誠實占上風的時候了，讓喉輪可以再次光輝照耀。

請求風水龍滌淨和解放這個脈輪，當你知道自己真正是誰以及你真正想要什麼的時候，你的聲音調頻對準你的靈魂，於是當你說話時，你表達出金黃璀璨的品質。時候到了，該要表達出你的真實自我、唱出你的靈魂的真實音符了。

練習18

滌淨和解放你的脈輪

1. 找到一個你可以保持沉默和靜定的地方。
2. 點燃一根蠟燭，獻給你與風水龍的連結。
3. 祈請一條風水龍來到你身邊，感應到祂在你身邊的藍綠色能量。
4. 請求祂觸碰你的眉心輪（當風水龍針對眉心輪工作時，你可能會感覺到嘶嘶作響）。
5. 請求祂觸碰你的喉輪（隨著老舊的堵塞被釋放掉，你可能會再次感覺到嘶嘶作響）。
6. 讓幸福和希望照亮你的內在。
7. 請求風水龍連結你與你內在的歌曲，讓你可以好好表達它。
8. 感謝風水龍，請求祂與你保持連結，直到你真正地表達出你的靈魂能量為止。

表達你的靈魂能量

你可能會喜歡在觀想之後做這件事，你可能也喜歡在不會被偷聽的地方做這件事。有些人會發現這很容易，有些人則覺得困難到難以忍受。絕不評斷，因為每一個人都是不一樣的。

1. 請求風水龍進入你的能量場，而且信任祂已經這麼做了，請求祂幫忙你表達你內在的歌曲。
2. 想到什麼音符，就唱什麼音符，好好聆聽並感覺那個音符。悅耳動聽嗎？它讓你感覺如何呢？
3. 嘗試不同的音符，將它們帶入和諧，聚焦在使你的身體感覺美好的音符。
4. 你可能會發現，音符在不同的地方聽起來和感覺起來更好，例如在水邊、山上、花園中或特定的房間內。要覺察到這點並好好實驗，直到你樂於聽到自己的聲音為止。

第17章
火水龍

這些色彩鮮豔、橙色搭配綠色的火水龍（fire-and-water dragon），是非常強大的運動和改變的力道。火和水一起產生蒸氣，對於推動你在揚升之路上向前邁進，這些龍感到興奮雀躍。如果你召喚一條火水龍來到你身邊，要放輕鬆，允許它推動你的人生向前邁進。

強力的深層清潔

蒸氣清潔是非常澈底的。如果你真的想要淨化你人生的某個面向，不妨召請火水龍。祂們可以幫忙將陳舊的關係從你的意識中清理和移除，或是蒸氣清潔你的氣場中的任何乙太污垢。

為改變做好準備

當你準備好做出改變或被迫做出某個轉換時，火水龍便接近你。假使你覺得時候到了，該要迎接新的途徑或是以不同的方式應對你的某項挑戰，不妨呼喚祂們來幫助你。

火面向會以許多方法幫助你，它將會燒掉一直牽絆你的老舊，它將會點燃你對新的某事或某人的熱忱，它將會鼓勵你做出得到啟發的決定。

水面向賜給你敏感性，於是你正確地運用能量，它使你能夠順流而行。

火與水共同形成蒸氣，賜予你採取行動的動力和能量。

這條龍始終是平衡的，所以水不能撲滅火，火也不能使水乾涸。然而，改變並不總是以你預期的方式發生。所以要為意料不到的事做好準備。振作起來迎接興奮雀躍，要尋找轉化。

準備好要照亮你的人生

你是否曾經感覺到無聊、疲倦或卡住，然後被一通意想不到的電話推動，進而採取行動且興奮雀躍？火水龍與那通電話具有同樣的影響力。當祂們出現在你的雷達上時，你不可能是遲鈍麻木的。

如果你很清楚你想要做出的改變且為此做好準備，請呼喚火水龍，祂們將會根據你的指揮幫助你向前邁進。當你掌控全局時，祂們可以克制忍耐，為你的旅程提供上達靈性山脈的動力。你是鐵軌，祂們是火車，祂們將會幫你溫婉地冒著蒸氣向前和向上。

迎接娛樂和玩耍

當這條龍在附近的時候，祂一定會使你輕鬆愉快，因為祂們熱愛娛樂和玩耍。當祂正在影響你的時候，你不可能嚴肅太久。祂一定會使你的內在小孩（inner child）能夠歡笑和自由。所以，如果你想要感覺比較年輕，想想火水龍，祂一定會啟發你，使你充滿熱情地享受人生。要準備好每天迎接更多的娛樂消遣和興奮雀躍。

練習 20

透過火水龍的眼睛看見

1. 想像你正跨步進入一條火水龍的身體。
2. 你提升你的頻率，感覺到一股內在的光輝。
3. 透過祂的眼睛且用祂的力量和能力看著你的世界。
4. 從喜樂的視角考慮每一件事。
5. 看見你眼前的改變。
6. 把自己準備好，迎接突然的改變，知道它一定是基於你的至善。

練習 21

深層滌淨你自己

1. 找到一個你可以安靜下來、不被干擾的地方。
2. 放輕鬆，閉上眼睛。
3. 呼喚一條橙色搭配綠色的火水龍來到你身邊。
4. 當你看見從祂嘴裡冒出的嘶嘶蒸氣時，你可能會微笑。

5. 請求祂以完美的方式發送乙太蒸氣貫穿你全身，進行深度清潔。
6. 放輕鬆，允許這事發生。要願意接受任何東西正在從你的生命中被移除掉。
7. 肯定地表明，你已經準備就緒，要期待意想不到的新事物。
8. 請求這條火水龍推動你進入新事物。
9. 深呼吸，信任新事物將會以完美的方式為你到來。
10. 感謝這條水火龍，期待已被強化的未來。

第18章
你個人的龍

「單子」（Monad）或「我是臨在」（I AM Presence），是你原始的「神性火花」（Divine Spark），自從你的靈魂離開它們以來，你個人的龍一直與你同在。你的龍被指派來照顧和保護你，要成為你的同伴和嚮導。祂的工作方式與你的守護天使非常相似，不過祂們在不同的波長上，能夠以不同的方式幫助你。祂與你一起演化和發展，因此，你可以提供給你的同伴龍，以及你的守護天使的最大禮物是在靈性上進化。

你個人的龍通常與你的出生星座擁有同樣的元素。至少，祂是那個元素占主導地位，但是如果你需要，可能會有一或兩個其他元素。

你的龍的愛和耐心

你的龍有極大的耐心，祂已經等待了很長一段時間才能在今生與你連結。祂也是非常睿智的，始終不帶評斷地聆聽你。祂將會設法以一種支持且基於你的至善的方式引導你。最重要的是，祂愛你，發自祂十分開闊的內心深處。

你的龍如何幫你？

你可以請求你的龍待在你身邊，讓祂可以在需要的時候立即全速完成某事。舉例來說，如果你坐在咖啡廳裡，一團黑暗能量雲朝你過來，你的龍可以向那團雲衝過去，在低階頻率觸及你並影響你之前銷毀它。或者，如果你在海中游泳，一隻水母正漂向你，祂可以將水母吹向另一個方向，讓水母刺不到你。

在你入睡時，祂可以和你的靈一起飛進其他維度。舉例來說，如果你有麻煩，祂可以帶你從更高的視角看見事物。如果你感到陰鬱，祂可以帶你進入比較快樂的維度，提振你的精神。如果你覺得與真實的自己斷離，祂可以帶你回到你的故鄉星球（只要那顆星球是在這個宇宙中）。如果你祈求要幫助他人或服務這個世界，祂將會帶你去到需要你的地方。

你的龍是什麼元素？

如果你是土象星座——處女、金牛或摩羯——你八成會有一條土龍。

如果你是水象星座——雙魚、天蠍或巨蟹——你八成會有一條水龍。

如果你是風象星座——雙子、天秤或水瓶——你八成會有一條風龍。

如果你是火象星座——牡羊、獅子或射手——你當然會有一條火龍。

你的龍通常擁有某些你最需要的能量，祂總是具有在你的體質裡顯而易見的能量。這些可能看似對立，舉例來說，你可能需要較多的驅動力，所以你的龍有一些火可以設法推動你前進，或是你可能有許多驅動力、熱忱、抱負，所以你肯定有一條帶著一些火的火龍催促你向前邁進。

如果你對以下問題的回答是肯定的，你的同伴龍八成有一些土元素：

- 你熱愛園藝、樹木、植物嗎？
- 你很不切實際嗎？
- 你需要腳踏實地嗎？例如，你總是在思考或做夢？
- 你是否堅持繼續你已經開始的事情？
- 你是否太過沉迷於某些事物？

如果你對以下問題的回答是肯定的，你的同伴龍八成有一些火元素：

- 當你在群眾中的時候，你吸收每一個人的能量嗎？（你需要具保護作用的火）
- 你是否雄心勃勃或好競爭且下決心要成功發達？
- 你需要更多的幹勁和靈感嗎？
- 你是否因為熱心而被解僱？
- 你很容易筋疲力盡嗎？

如果你對以下問題的回答是肯定的，你的同伴龍八成有一些風元素：

- 你喜愛在戶外吹風嗎？

- 你需要更好地溝通嗎？
- 你鼓舞人心且具說服力嗎？
- 你時常覺得頭腦阻塞了嗎？
- 你需要更輕鬆愉快、更童心未泯嗎？

如果你對以下問題的回答是肯定的，你的同伴龍八成有一些水元素：

- 你愛水嗎？
- 你機智且具有溫婉的說服力嗎？
- 你太過直率且咄咄逼人嗎？
- 你想像實際上並不存在的挑戰和障礙嗎？
- 你對超自然力十分敏感且直覺力超強嗎？
- 很難牽制住你嗎？

練習 22

會見你個人的龍

1. 找到一個你可以安靜下來、不被干擾的地方。
2. 如果有可能，點燃一根蠟燭，提升頻率。
3. 閉上眼睛，放輕鬆。
4. 邀請你個人的龍來到你身邊。
5. 感應到祂逐漸接近，祂是沉重緩慢地走向你？或是正在飛向你？飄向你？還是光輝燦爛地朝你走來？
6. 看見、感應到或憑直覺知道祂是單一顏色或多種色彩。
7. 祂坐在你身邊，祂的心朝你散發著光芒，好好感覺那份愛。
8. 觸碰或撫摸祂，感應到祂的感覺。
9. 在心裡感謝祂的到來，詢問祂的名字。
10. 記住第一個浮現你腦海的名字，心裡重複祂的名字，藉此向你的龍致敬。
11. 你的龍有一則給你的訊息。好好聆聽。

12. 你的龍邀請你坐在祂的背上。你們快樂地一起飛翔，除了建立連繫和一起玩得開心，沒有任何目的。

13. 你的龍帶你返回到你們開始的地方。

14. 感謝祂，睜開眼睛。

第三部

五維度到七維度的龍

引言

第五到第七維度的龍，正在幫助人類和地球本身為新的黃金時代做準備。某些五維度到七維度的龍與大天使和發光存有合作，以特定的方式協助我們，其他則帶來恆星的知識和智慧，在我們準備就緒的時候與我們分享。所有五維度到七維度的龍，都以令人難以置信的方式為我們的世界服務。

祂們全都幫忙我們蛻變不再為我們的揚升之路服務的東西，也幫助我們擴展我們的光。

第19章

基督化的金龍

這些美麗的龍擁有巨大的金色能量場，祂們目前正與人類非常密切地共事，以基督之光觸動我們所有人。祂們在這方面是非凡的，因為祂們可以從天狼星的已揚升面拉庫美（Lakumay），取用九維頻率的金色基督之光（在拉庫美，金色基督之光被保存在一顆金色球體中），這是目前在這個宇宙中可以得到的最高階基督能量。

基督化的金龍（golden Christed dragon）讓自己盈滿這種令人敬畏的九維之愛，然後可以帶著基督之光的頻率，下降到可以由你將基督之光具體化現的層級。如果你能夠接受七維下載的基督之光，祂們就會在那個層級將基督之光注入你。這種金光的振動無法下降到超過第五維度，但是愈來愈多的人們準備好在那個頻率吸收這種奇妙的愛的能量。

當你的能量更高時

龍正在觀察你的能量場，當你提升你的頻率的那一刻，祂們便以你可以吸收的最高振動將更多的基督之愛注入你。在慶典時，當你成功時，當你對某事特別高興時，當你戀愛或身在大自然中的美景時，你的頻率是比較高的。在所有這些時候，祂們必會等待著將愛注入你。

你的生日

你的生日是一個特殊的日子啊！當你慶祝這一天並感謝有機會在地球上體驗人生時，基督化的金龍，以及許多其他光之存有就可以接近你，祂們將會使你滿溢著愛。

耶誕節

這些龍幫助基督之光在每年平安夜與節禮日（Boxing Day，譯註：耶誕節隔日）之間的神聖時期注入地球。你在地球上的什麼地方或你的宗教信仰是什麼都無關緊要，基督之光在那一天觸及每一個人。

在二〇一六年的耶誕節期間，我有幸在醫院度過。我病得很嚴重，平安夜的大部分時間，我都醒著，因為護理程序在我身上執行。我不斷想著，我生病一定是有原因的，因為這是非常特殊的夜晚。然後在清晨，奇妙的事發生了。清潔工用他的拖把砰砰地撞擊床鋪，這通常會激怒我，但是這一次，我看見大量深金色的光湧入病房，令我肅然起敬。它透過那位清潔工傾瀉而下，像充滿彩虹光的金色瀑布一樣飛濺和彈跳，直到它充滿整個房間，而我可以在我的心靈之眼看見它散布整間醫院並向外蔓延。那是一個不可言喻的時刻，我必會永遠珍藏。

我知道那位清潔工是回教徒。當時我病得很重，無法和他說話，但是三週後，當我逐漸康復時，我問他：「如果我向你提到基督之光，你會明白我的意思嗎？」他搖搖頭。

「不明白。」他答道。

我暗自微笑，因為你相信什麼或你是誰，都無關緊要——如果你的心足夠純淨，基督化的金龍便利用你將基督之光注入這個世界。

建立你的水晶光體

當這些龍將光注入你的時候，你能夠在細胞層次吸收它。這有助於為新的黃金時代建立你的水晶光體（crystalline light body），屆時，我們將被期待攜帶更高頻率的光。當你盡你所能保持在五維且建立你的光體時，它便加速你的揚升。

請求基督化的金龍將祂們的光注入你，因為那將會幫助你更多時候保持是五維的。在你的細胞裡攜帶高階的基督之光使你的心擴展，你可以將它向外散播到全世界。它也有助於保護你，因為那份愛吸收並蛻變你周圍的低階能量。

記得要呼喚這些龍，讓祂們可以用金光圈住你的氣場，然後也滿溢你的細胞。

龍族同伴

最近有好幾次，來訪的朋友告訴我，有一條巨大的基督化金龍蹲坐在我的屋頂上。每次都是我們在聚會，要一起完成靈性工作。一位朋友告訴我，當她動身到我家時，一條基督化的金龍一路飛在她的汽車上方。她感覺完全受到保護，也知道祂正在為我們即將進行的工作在能量上替她做好準備。

當你的意圖良好時，這些龍陪伴你並提升你的頻率。你不必看見祂們。事實上，祂們可能會選擇讓自己隱形。只要知道祂們與你同在即可。

金色亞特蘭提斯龍

幾乎現在在地球上的每一個人都與亞特蘭提斯有連結，這可能曾經是在物質身體內，或是以指導靈或幫手的身分。這個現象的原因是，我們正在完善尚未完成的事，同時也將那個時代的信息、知識、智慧帶回來供現在使用。基督化的金龍以及祂們的朋友金色亞特蘭提斯龍來到你身邊，為的是使你想起你與亞特蘭提斯黃金時期的特殊連結。請求祂們在你睡覺時喚醒你的記憶，讓你可以取用保存在你的能量場和細胞中的智慧。

吸收來自基督化金龍的光

1. 找到一個你可以安靜下來、不被干擾的地方。
2. 閉上眼睛，放輕鬆。
3. 在你的心靈之眼中，放下接地的根，在你自己周圍設置一圈保護。
4. 想像將金色的愛吸入你的氣場，讓你有磁性地吸引到一條基督化的金龍。
5. 感覺到、感應到或看見那條金龍降落在你身邊，覺察到有一大圈金光圈住你。
6. 看見祂眼中的愛和智慧。
7. 祂邀請你坐在祂的背上，於是你被托在祂深金色的氣場中。
8. 祂和你一起輕輕地飄浮向上，穿越各個維度，看見基督之光的九維金球，注意你在遠處觀察金球時有何感受。
9. 基督化的金龍，正在將你完全帶入你可以吸收基督之光的維度層級。
10. 在這裡休息，舒舒服服地呼吸。你可能會體驗到金色的基督之愛和光在細胞層次流入你體內，直到你的身體感覺好像正在閃閃發光為止。
11. 光從你的身體向外散發，直到你周邊的能量比得上基督化金龍的金色氣場為止。

12. 現在，你的能量場中的愛的密鑰和密碼像愛的煙花一樣爆炸，你正在建造你的水晶光體。
13. 這條龍帶你返回到你們開始的起點。
14. 感謝祂且感應到你的能量已經如何轉換了，記住你可以將這份能量傳遞給你今天遇見的人們和動物。

第20章

淡紫色火龍

淡紫色火龍（lilac fire dragon）攜帶「本源」的「淡紫色火」（Lilac Fire），那是一種超越的愛和開悟構成的九維能量，最近才被賜予地球。淡紫色火龍可以加快或減慢其頻率，就像能夠使燈光變暗或變亮一樣。祂們以需要提供蛻變和光的強度，將「淡紫色火」注入人們和情境之中。

這條美麗的龍將純淨的「淡紫色火」吹在你身上，讓你沐浴在愛和神聖女性特質之中。祂使你能夠平靜而自在地釋放不再有用的一切，然後祂提升你的頻率，為你帶來和平、智慧、開悟、喜悅乃至至福。祂溫和地洗掉你心輪中保留的任何負面或多餘的能量，當祂將你圈在祂的「淡紫色火」之中時，它透過神性之愛的力量蛻變老舊。

淡紫色（lilac）是由藍紫色（violet）和閃亮的白光組成，再混合一些純愛的粉紅色。

大天使薩基爾、加百列（Gabriel）和夏彌爾（Chamuel），全都慈愛地與淡紫色火龍一起工作。當你召喚這些龍的時候，幾位大天使絕不會離你太遠。

神性自由

在亞特蘭提斯的黃金時期，由淡紫色火龍攜帶的淡紫色「本源」火，又叫做「自由的火焰」（**Flame of Freedom**）。祂具有溫和然而徹底地蛻變、淨化、洗滌的力量，然後用希望和靈感點燃。因此，祂帶來真正的神性自由，所有的鐐銬和心智限定都被消融了。祂使人們得自由，可以活在自己的本質之中。淡紫色火龍，現在正在將那份恩典的禮物歸還給我們。

當你請求這些龍來到你身邊，用自由的火焰裹住你的時候，你時常可以感受到老舊的限定正在消失。寬恕自然而然地流經你整個人，你洋溢著恩典與溫柔。小我（ego）課題消融了。然後，淡紫色火龍將令人驚歎的「本源」淡紫色火光錨定在你的心輪中。

純淨的揚升工具

「本源」的「淡紫色火」是十分高頻的揚升工具，唯有當你達到一定層次的開悟和覺照時，才可以取用它。淡紫色火龍可以用稀釋版的「淡紫色火焰」觸碰你，直到你準備好迎接「淡紫色火焰」的全部力量。以這種方式，祂溫和地提升你的頻率。你可以請求這條龍停留在你附近，幫你快速地擴展你的光，直到你準備好要澈底地錨定這團華麗的「自由的火焰」，然後，它將會帶你進入輝煌而發光的全新生活方式。

當這條龍停留在你附近，且在你的能量場周圍盤旋著祂的淡紫色光芒時，你經歷一趟快速的提純淨化。有時候，你可能會感應到你的脈輪變成一柱美麗的淡紫色光。其他時候，你的心輪和喉輪合併成為一球熾烈的淡紫色火。你周圍的人們一定會感應到且感覺到你的本質的純淨，他們將會信任和敬重你。

幫助地球

淡紫色火龍一直在地球的七維中心中空地球裡耐心地等待，要來協助我們。隨著愈來愈多的我們與祂們一起工作，成千上萬的淡紫色火龍正在返回地球表面幫助這個世界。淡紫色火龍具有十分巨大的能力，可以溫和但深入地清除根深柢固的負面性，然後蛻變它，因此我們可以召喚淡紫色火龍為地球清理道路，穿過開悟和精通嫻熟邁入揚升。

請求淡紫色火龍在你內在點燃「淡紫色火焰」，然後照料和保護它。你也可以請求祂們融合，創造出一顆巨大的淡紫色光球。請求祂們一起旅行經過地球表面上方，照亮和清理需要照亮和清理的不管什麼東西，讓地球的揚升喜悅地加速。

請求這些龍將祂們的淡紫色火吹入組織、政府、公司、所有團體，讓以心為中心、誠實且合乎道德的生活方式，可以再次在地球裡扎根。

練習24

用自由的火焰照亮地球

1. 找到一個你可以安靜下來、不被干擾的地方。
2. 如果有可能，點燃一根蠟燭——蠟燭最好是白色、藍紫色或粉紅色。
3. 閉上眼睛，臣服於向你滑過來的淡紫色火龍。

4. 吸入祂們散發出來的愛的純淨。

5. 感應到光散播你全身，滌淨你的器官和你的細胞。

6. 感覺到陳舊的束縛和限制在純淨的愛中消融。

7. 感覺到或看見淡紫色火照亮你的內在以及外在。

8. 留神觀看淡紫色火龍將「自由的火焰」錨定在你的心輪中，於是你將會進入一種發光的新存在方式。

9. 將那股能量向外傳送，照亮你身邊的每一個人和一切事物。

10. 觀想成千上萬的淡紫色火龍照亮需要祂們的地方。

11. 看見祂們將整個地球保持在「自由的火焰」的淡紫色火之中。

12. 感謝淡紫色火龍們，睜開眼睛。

第21章 七彩龍

彩虹不只是大氣條件的物理反應，它也是宇宙的預兆，為你帶來一份來自宇宙的禮物。如果當你看見彩虹時，你的心因喜悅和驚歎而跳動，那麼你已經接受了這份禮物。話說回來，如果你聳聳肩，認為它不過是一道彩虹，那麼你已經拒絕了提供給你的禮物。

當你對看見彩虹的反應是欣喜若狂時，宇宙便為你打開新的大門。它可能是新的工作或關係，意想不到的機會或驚人的奇蹟。宇宙以許多神祕的方式運作，而我們往往體認不到因果關係。

宇宙的禮物

就跟彩虹劃過天空一樣，美麗、神祕的七彩龍（rainbow dragon）帶給你承諾的禮物。當你承認祂的時候，一簇多彩的魔法火焰在你內在點燃。當你將自己獨特的能量與七彩龍的能量融合在一起時，祂便從宇宙中有磁性地吸引對你具有特殊意義的東西。祂可能會從宇宙的豐盛池中汲取某樣東西，或是祂可能會打開機會之門，或是重新點燃有裨益且可以被引入你生命中的前世鏈接。當你與七彩龍連結時，魔法就在空中。好好留意並期待奇蹟，信任宇宙會將你的最高利益放在心上。

同時，就喻義而言，七彩龍帶你越過彩虹，找到等待你的那罐金子。這項神祕的獎勵可能是歸還你個人的某些古老智慧，這些曾經被你的靈魂儲存在學習層面的一顆金色球體（Orb）之中，它可能已經等待你許多輩子，等著要被你取用。或者它可能是祖先的知識或智慧，一直被保存在內在層面（inner plane）的學習大廳「阿蒙提大廳」（Halls of Amenti）的各間「時間聖殿」（Temple of Time）裡。七彩龍甚至可以從集體意識的浩瀚寶庫中為你帶來靈性的知曉，如果你有突然間的洞見或智慧的閃現，不要感到驚訝。

有時候，七彩龍將氣息吹進你的頂輪，打開頂輪的一或多片花瓣，以便取用宇宙的知識。祂們輕推你，讓你明智而且基於至善地使用那類知識。祂們還提醒你，當你分享宇宙的知識時，就會有更多的內容下載給你，這讓流動繼續不斷。

怎麼知道七彩龍與你同在？

如果你看不見祂或感應不到祂的臨在，你怎麼知道這條龍已經來到你身邊呢？當然，你可能會看見一道實質的彩虹橫跨天際。你可能會拍攝到一顆彩虹靈球體，或是在書本裡或電視上看見彩虹。你可能會瞥見從一塊玻璃折射出來的多彩光芒。你可能會發現自己想到一條七彩龍，祂對你低聲耳語，說祂就在附近。這些是提示，讓你可以期待意想不到的事物。現在好好尋找機會。信任，然後你一定會得到回報。

練習 25

與七彩龍一起工作

1. 找到一些彩色的羊毛線、一系列的彩色蠟筆、幾件五彩繽紛的衣服，將它們布置成令人愉悅、繽紛燦爛的彩虹。
2. 在這麼做的過程中，給自己時間做白日夢。
3. 暫且停止信念的局限。
4. 只是飄浮在影像的雲霧中，也許一條七彩龍會靠近，為的是打開機會或智慧之門。
5. 對自己微笑。

練習 26

與七彩龍一起旅行

1. 找到一個你可以安靜下來、不被干擾的地方。
2. 閉上眼睛，想像一道彩虹跨過天空。
3. 看見或感應到一條柔軟的七彩龍從彩虹中出現。

4. 留神觀看祂喜悅地滑向你。
5. 讓你的心因高興和期待而敞開。
6. 當祂站在你面前時，祂巨大的心將愛傾瀉在你身上，而你撫摸祂。
7. 祂邀請你坐在祂的背上。
8. 你們快樂地與氣流一起流動。
9. 突然間，一座巨大的金色大門出現在你的眼前。
10. 你觸碰它，將它推開。
11. 你的龍說：「現在尋找門後的魔法。」
12. 然後祂與你一起翱翔，上達彩虹的彎曲處，越過這個世界，下達另一邊。
13. 一罐金子在這裡等候你。
14. 拿起那罐金子，抱著它，同時七彩龍帶你回到你們開始的起點。
15. 感謝七彩龍，睜開眼睛。

第22章

黑龍

黑龍（black dragon）很美，而且威力強大。如果一條黑龍來到你身邊，要高興，因為改變的時候到了，祂們的到來暗示你已經準備好要迎接改變。

黑色象徵「神聖女性」（Divine Feminine），而這條龍攜帶著所有愛、關懷、哺育、慈悲的品質。祂還握有最深邃的宇宙奧祕和祕密，祂為你帶來魔法。

敞開來迎接新事物

當你準備好迎接新事物進入你的生命時，這些黑龍將你保持在安全、黑暗的防護膜之中，讓你的祕密希望、你的隱藏才能、你的神性潛力的種子能夠生長和發展。祂們鼓勵你

靜心冥想或花時間深思你的關係或情境，讓天使界可以滴下新的種子，然後培育它們並幫助它們發芽。

你可能會發現，這不只是你生命中的小小改變，而且是你準備就緒，要經歷一次質變。或許你的靈性之光需要以新的色彩且在更高的頻率照耀和散發，可能是你的心已經準備好要以全新的方式敞開，或是你的心靈能量即將成長進化。你可能正在為新的工作或為人父母或搬家做準備。在你的生命中，轉化的可能性是無窮無盡的，所以要敞開接受等待著的奧祕和驚奇。

如果你不知道什麼東西正在為你浮現，請放輕鬆。種子可能還沒有被種下。然後你進入沉默而靜定，讓天使界可以準備適合的土壤，讓新點子或概念可以被種下。

你可能會看見或感應到一條黑龍正來到你身邊，或是你可能會因為從我的《龍族神諭卡》中選到黑龍牌卡，而警覺到祂的臨在。如果你感應到黑色陰影，不要害怕。只要讓自己歸於中心，調頻進入。

一條黑龍將會使你感覺到安全和舒適。當這條龍出現時，你知道該是休息和放鬆發條的時候了，這樣，祂才能幫你創造魔法，加速你的靈性成長。

讓身體放輕鬆

黑龍來到你身邊提醒你，花時間放鬆和冷卻是多麼重要。如果你在身心緲緊的情況下入睡，你就無法接收到更高的事物。在亞特蘭提斯黃金時期最鼎盛的時候，人們可以讓身體放輕鬆，下達細胞層次。這允許來自其他星系的睿智存有以及天使們，將先進的概念和非凡的新點子植入他們的意識中。它讓發光的存有直接與他們溝通交流。你準備好迎接這類知識了嗎？假使情況如此，黑龍一定會與你同在。

靈魂層次的覺醒

這些龍不只幫助你在你的人生中開發新的專案或事件，可能是你在靈魂層次覺醒的時候到了。如果你感應到情況是這樣，就要臣服於黑龍，允許祂們用防護膜將你緊緊包住，讓你可以經歷質變。要準備好好休息，你才能像蝴蝶一樣破繭而出，展開雙翼。要期待生命是新鮮且令人雀躍的。

練習27

培養新潛能

1. 收集一些紙和幾支彩色筆或蠟筆。
2. 找到一個你可以不被干擾的地方。
3. 靜靜地呼喚黑龍，信任祂們與你同在。
4. 畫出一球大大的黑色防護膜的輪廓。
5. 在它的中心畫一顆種子，開始長出綠葉。
6. 如果你願意，在接下來的日子裡或當你覺得適合的時候，就畫上更多的葉子。
7. 最後，畫上生長的葉子穿過防護膜壁。
8. 知道你已經準備就緒，要好好擴展。

練習28

展翅飛翔

1. 找到一個你可以安靜下來、不被干擾的地方。

2. 點燃一根蠟燭，在心裡呼喚黑龍。
3. 每次呼氣時，盡可能地深度放鬆。
4. 想像、感應到或看見這些龍將祂們柔軟、絲綢一樣的黑色能量圈住你。
5. 看見你自己包裹在祂們製作的防護膜中。
6. 放輕鬆，進入安全和靜定。
7. 感應到你自己蜷縮起來，同時魔法發生在你之內。
8. 讓黑龍撫慰你的心智。
9. 感應到你自己正在擴展，覺察到你的天使翅膀正在生長。
10. 現在，防護膜正在破裂，你破繭而出。
11. 展開雙翼。在你的意識中，某樣東西已經改變了。
12. 該是飛翔的時候了——像天使一樣翱翔。
13. 當你準備就緒時，返回到陸地。
14. 感謝黑龍們，睜開眼睛。

第23章 銀龍

銀色是月亮的顏色，與「神聖女性」有關聯。銀龍（silver dragon）非常有智慧，而且散發和平、平靜、溫柔。當祂們接近你的時候，祂們柔和的銀光圈住你，使你沐浴在慈愛的光芒中，融化掉任何可能阻礙你的靈魂進步的深刻痛苦。

由於祂們的銀色能量在你的氣場中閃爍，你自動地用這種顏色觸碰其他人，於是當你靠近他人時，他們感覺到比較平衡、平靜、安寧。這種撫慰人心的散發，允許人們用慈愛的善意對待你，也吸引有銀色氣場的人們進入你的人生。

銀龍用創造力啟發你的心智，所以，如果你想要表達你的獨創性、你的想像力、你的靈魂感受，不妨呼喚祂們來到你身邊。

看見你的神性本質

當你的靈魂裁定，該是你體認到你真正是誰的時候，閃亮的銀龍便來到你身邊。許多人們承認，他們是以造物主（Creator）的形象打造的，他們的本質是神性的。然而，在智力上理解這點是一回事，了解它、感覺到它、活出它又是另外一回事。

銀龍充當鏡子。當你注視祂們的時候，你可以看見你的神性自我（divine self）反映在祂們的眼睛裡。祂們讓你看見你的靈魂本質，提醒你，你的神性宏大（divine magnificence），你甚至可以在瞬間看見你所屬的靈魂的光榮和美麗。如果祂們的光將你提升到更高的層級，你可能會瞥見你的「罩子」或「我是臨在」，那是原始的神性火花，而你是其中的一部分，它以輝煌的火焰出現在你面前，它將會照亮你。

這些龍幫助你看透你的靈魂，你的靈魂握有你在旅程上掙得的天賦、才能、智慧的密鑰和密碼，以及可能被鎖起來的力量。祂們提醒你，時候到了，該要審視你尚未開發的資源，將它們帶出來。唯有你害怕濫用它們，或是害怕你不夠好或不配擁有它們，才可能使你無法揭露你的真實自我。

祂們將你可能從不曾懷疑過你擁有的潛力和真實核心面向，吸引到你的表意識。你一旦接受某樣東西，祂們就用純淨的銀白光點燃它，讓你可以開始表達它。祂們使你能夠與你生命中的更高可能性接觸，銀龍們邀請你準備好發光發亮。

帶來繁榮

銀龍自動地在祂們身後留下一長串繁榮，如果一條銀龍觸碰你，意想不到的好運隨之而來，可能是意外之財、加薪、出售某物而獲利或一段幸運的插曲。如果你正在建立新事業，於是銀龍顯然信任它必會繁榮昌盛。天堂正在對你微笑，那就回眸一笑吧，與你期待的成功一同流動。請記住，銀龍攜帶著女性能量，所以祂預示的繁榮需要信任、接納、合作、與他人共事、慷慨付出、坦誠接受。

邀請入夢

銀龍喜愛與你一起在你的夢境和天馬行空的想像中旅行，祂們將銀色的思想吹入你體內，照亮和擴展你的理念，或看見你的靈魂天賦。你可以邀請祂們進入你的夢鄉，請求祂們幫忙你看透你的靈魂。

練習 29

吸引繁榮

1. 找到一枚銀幣。
2. 將氣息吹到銀幣上並呼喚銀龍們。
3. 現在將那枚銀幣握在雙手中。
4. 請求銀龍們使你的理念成功或生意興隆。
5. 感謝銀龍們，睡覺時將銀幣放在你的枕頭底下。
6. 取出銀幣，每夜重新為那枚銀幣增添能量，持續三十夜。
7. 每夜將那枚銀幣重新放在你的枕頭底下。
8. 期待繁榮。

練習30

看進你的靈魂鏡子

1. 找到一個你可以安靜下來、不被干擾的地方。
2. 點燃一根蠟燭，獻給帶出你的靈魂本質。
3. 閉上眼睛，深呼吸。
4. 邀請一條銀龍來到你身邊。
5. 覺察到一道銀色正在靠近。
6. 你被一團銀色圈住。放輕鬆，進入那團銀色。
7. 那條銀龍舉起一面靈魂鏡子，而你向內看。
8. 你可能看見什麼，也可能什麼也沒看見，但是你的某些靈魂能量正在湧現。
9. 知道你隱藏的天賦、才能或特質可能會開始自行揭露。
10. 感謝銀龍們，睜開眼睛。

第24章
橙龍

歸屬感是所有人們最基本的需求之一，我們在出生前就選擇了我們的家庭、社區、國家，這通常是我們感到舒服和被接受的地方。

自從工業革命以來，一直有家庭破碎的現象。戰爭使人們與親人分離。大規模移民意謂著，人們發現自己身在異國他鄉。結果，許多人們終生流浪，感到疏遠而斷離。

有些人在靈性上覺醒了，所以他們尋找人與人之間的共同人性，試圖卸下屏障。然而，這顆星球的很大一部分仍然沉睡著。

一體性最終將會在每一個地方被體驗到，歸屬感、社區的溫暖和愛是一個開始。橙龍（orange dragon）正致力於讓靈魂家族和靈魂社群及時團聚起來，迎接新的黃金時代。祂們照亮個人和團體，讓他們相互體認到對方。

這些龍噴出接納、溫暖、幸福的火焰，和平地連結人們。

創造一個門戶開放的世界

在不遠的將來的五維社區裡，人們將會基於至善而互助合作。隨著豐盛意識的散播，每一個人都會像在亞特蘭提斯黃金時期一樣公開地分享，因為他們將會信任宇宙的支持。橙龍已經忙著將和諧與合一的氣息吹到人們身上，許多人正在吸收這股能量，但是，在人們沒在吸收這股能量的地方，那光將會在人們身邊流連，直到人們準備好接收它為止。橙龍現在正努力帶來人類意識的跳躍轉換，那將會允許開放的心靈和思想盛行。最終，每一間住家的大門都會對所有人敞開，無論對方的膚色、種族、宗教。

喚醒臍輪

目前人類的五維臍輪正在錨定和再次醒來，這個溫暖而殷勤的橙色脈輪位於本我輪上方。當它敞開時，我們將會感覺到包容、相互連結、幸福快樂。臍輪鏈接到太陽，而橙龍們幫忙將太陽神赫利俄斯的密鑰和密碼向下帶進這個脈輪。當全體都連結起來時，我們最終將能夠創建統一的世界。

橙龍正在留神觀察著我們的星球，查看臍輪在什麼地方是敞開且發光照耀的。當祂們看見你的橙色光芒時，祂們知道你已經準備好，可以散播合一和喜悅的訊息，然後你可以與橙龍共事，成為和平大使。

這些龍時常被發現在國界和邊界附近，噴著祂們接納和自由的能量。

更高的顯化

在亞特蘭提斯的黃金時期，每一個人的臍輪都快速旋轉，散發美麗、明亮的橙色光。橙色是創造的顏色，而臍輪是威力非常強大的脈輪，當時的人們用它來顯化。他們會在自己的臍輪中描繪打算創造的東西的畫面，始終是基於全體的至善。橙龍會為那幅畫面提供能量，幫助將它向上帶到靈魂之星脈輪，在那裡，它會以非常高階的頻率發射出去，這允許宇宙的各種原力可以非常快速地顯化出來。

你可以請求橙龍們將祂們的光注入你的臍輪，使你能夠開發更高的顯化能力，這賦予力量，必須小心謹慎地使用。

你可以對新的黃金時代保有純淨的願景，加速地球的揚升，這項服務工作將會被「業力之主們」（Lords of Karm）注意到，對你有利。

創建社區

你可以與橙龍共同完成的最偉大工作是建立社區和團結，那可能是形成線上社群，也可能是將朋友或鄰居團結起來。或是，你可能受到啟發，要建立文化、國家、城鎮或學校之間的橋梁。請求橙龍與你共事且透過你工作，祂們將會幫助你在各種情境裡找到共同的人性，在所有人們中看見神性，拆除不管在哪裡的分隔之牆，因為人民、種族和文化的多樣性而欣喜。

與大天使們共事

大天使加百列負責臍輪的開發，所以橙龍自動地與祂合作，建立五維社區，用愛讓各個家族凝聚在一起。

祂們也與致力於金橙色光束，以及負責地球揚升的大天使麥達昶（Archangel Metatron）合作。當你採取行動幫助世界上的人們和諧地團結時，或是當你觀想他們團聚在一起時，橙龍們便透過你的光工作。大天使麥達昶採納你的意圖，運用它來為地球的計畫增添能量，你正在幫助橙龍們帶來更高階的和平。

練習 31

幫忙建立社區

1. 走過當地的村會堂、教堂、體育中心或任何社區建築物。
2. 召請橙龍們，在心裡請求祂們將祂們的團結與和平吹入該棟建築物。
3. 當你吸氣時，想像人們喜悅和諧地一起被吸引到那裡。
4. 感謝橙龍們的幫忙。

練習32

散播和平與友誼

1. 找到一個你可以安靜下來、不被干擾的地方。
2. 如果有可能，點燃一根蠟燭，獻給地球上更高階的和平與合一。
3. 召請橙龍們，請求祂們將氣息吹入你的臍輪。
4. 放輕鬆，體驗你的肚臍逐漸亮了起來。
5. 在世界各地（暫且忘記天氣）看見家家戶戶的前門敞開。
6. 看見各地的人們放輕鬆，處於和平的狀態，交流著，微笑著。
7. 觀想橙龍們消融掉國家、宗教、社區、個人之間的所有邊界。
8. 看見大天使麥達昶採納你的意圖，將你的意圖新增至「地球的計畫」。
9. 感謝橙龍們。

第25章
青龍

青龍（green dragon）照顧大自然。祂們熱情地愛著自然界，因此祂們了解且保護大自然的祕密。唯有當你準備就緒時，祂們才會允許將這些揭露給你。為此，你必須與季節和生長週期的節奏和流動和諧同調。

在大自然中療癒

每一種植物、花朵、樹木都攜帶著自己特有的神性藍圖，而且鏈接到物種的集體計畫。人類完全仰賴綠色世界，所以「靈性階層」（Spiritual Hierarchy）自然而然地期待我們的行為會對綠色世界負起責任。

我們的健康和福祉，所需要的每一件東西都可以在綠色世界中找到。最初，植物的設計旨在重新平衡任何身體或器官稍微不同步的部分，為的是使我們的整個有機體回復到理想的健康狀態。這在亞特蘭提斯的黃金時期運作得相當完美，但是一旦我們的業力平衡表開始負債累累，我們就無法再完全仰賴植物藥品來治癒我們，這是對抗療法（allopathic medicine）取得力量的時候。既然業力正在被再次重新平衡，草藥療癒師正挺身而出，幫助我們，而綠龍們也正在回歸，提醒我們綠色世界的溫和療癒力。

大自然的療癒屬性不只是植物的藥用特性，還有許許多多尚待被揭露。樹木和植物，蘊藏著將會使我們能夠在新的黃金時代生活在和平與和諧之中的智慧與知識。古人了解月亮、蒙福之水、某些水晶對栽種和生長的影響，他們與元素精靈們一起工作，也與宇宙的元素和巨大能量一起運作，為的是帶來豐盛的作物。青龍們正耐心地等待我們的意識擴展到我們可以接受這點的程度，當你照料綠色世界時，這些龍一定會照顧你。

找到答案

所有答案都蘊藏在大自然中，而明亮的青龍幫助你找到它們。請求祂們，祂們將會指引你找到答案。

神聖幾何學

神聖幾何學蘊藏在樹幹、松果、蝸牛殼、一朵花的圖案、樹葉、每個地方之內。費波那契數（Fibonacci number，一個序列，下一個數字是由前兩個數字相加得來的）出現在整個自然界。

當你準備就緒時，這些龍觸碰你的心輪，幫你調頻進入，理解大自然中的密鑰和密碼，這使你與你的神性本質和諧同調，這是青龍們如何協助你全然校正對準你的靈魂藍圖。

綠色的指引

青龍與你十分合拍合調，因此祂們可以指引你踏上你的道路，或是找到對的方向或做出最好的決定。當你真正逐漸了解其中一條青龍時，祂成為你的朋友和嚮導，幫助你與祂連結和共事。

練習33

請求青龍們幫忙找到答案

1. 坐在某個安靜的地方，摒除雜念。
2. 想起某個問題。
3. 召喚青龍們，請求祂們幫你找到答案。
4. 在大自然中散步，放輕鬆，好好享受周圍的事物。
5. 看見為了回答你的問題，青龍們吸引你注意到什麼。
6. 感謝青龍們。

與青龍們連結

1. 找到一個你可以安靜下來、不被干擾的地方。
2. 如果你可以坐在戶外的大自然中，那就太完美了。
3. 閉上眼睛，召喚一條青龍，感應到祂離你很近。
4. 花時間撫摸祂，感覺祂的皮膚，看見祂的色彩，感受祂的品質。
5. 關於你需要有人幫忙解決的任何事，請求祂指引你。
6. 這條溫和的龍帶你飛越自然世界，你們一起飄過樹林，越過田野、河流、山脈。
7. 讓自己放輕鬆，允許那份智慧有意識或無意識地來到你面前。
8. 看見祂帶你回到你們開始的起點，為你接收到的任何啟示感謝祂。

第26章
寶藍金龍

寶藍色（royal blue）是在地球上或宇宙其他層面，歷經累生累世獲得的顏色頻率。它指出，在某個時候，你已經實踐了發光的真理、榮譽、尊嚴。你曾經天生帶著威嚴和剛毅，穿越充滿挑戰的時代。此外，寶藍色內含純紅色，顯示你可以在需要的時候採取迅速而適當的行動，寶藍色還帶有少許積累知識的黃色。金色是智慧的顏色，宏偉莊嚴的寶藍金龍（royal-blue and gold dragon）攜帶著所有這些品質，祂們確實是強大的光之乙太存有。

如果你連結到其中一條這些和藹的龍——換言之，你正在閱讀關於祂們的信息、發現自己正思量著祂們，或是一條寶藍金龍在夢境中、靜心時，或在心靈上來到你身邊——你的氣場裡有藍色和金色，或是正在準備取得那些顏色。這些龍正在造訪你，提

示你時候到了，該要運用智慧靠自己的力量站穩。你必須促使真實的力量和完美的智慧達到精確的平衡。所以，召喚祂們為此使你強健起來。

你可以請求這些龍帶你進入你獲得這些顏色的前世或宇宙經驗。對許多人來說，這是在亞特蘭提斯的黃金時期。你可能已經轉世了，或是「靈」一直在那裡，從另一邊運作，支持這個龐大的實驗。

也有其他時機，人們帶著力量和威嚴挺身而出。讓這些龍向你展示，你的發光成就將會幫助你再次取用你的靈魂已經掙得的品質。你的記憶可能會有意識或無意識地被啟動，然後它將會在你的氣場中照亮寶藍色和金色。這將會帶出你當時掙得的「有智慧的力量披風」（**Cloak of Power with Wisdom**），讓你可以再次有尊嚴且自豪地穿上它。

「有智慧的力量披風」，是由強大的大天使麥可親自授予你的，它是寶藍色加上發光的金色襯裡。它與深藍色的「保護披風」（**Cloak of Protection**）不一樣，「保護披風」是你可以請求大天使麥可置於你周圍的保護能量。「有智慧的力量披風」也有保護力量，而且必須被掙得，因此一旦你得到它，第一件「保護披風」便消融掉。

當大天使麥可將那件寶藍和金色的披風置於你的能量場周圍時，祂也將祂的「真理之劍」（**Sword of Truth**）贈予你，由你的龍幫你照管那把劍。你的龍一定會保護那把劍，隨時為你將它準備好。這是一把乙太光劍，你可以在許多方面使用它。

當你為你的真理挺身而出時，為對你來說正確的事而反對其他人的時候，你需要「真理之劍」。當他人武斷地反對你時，這可能是關於捍衛你的靈性信念。或是你可能需要有力量告訴你的家人，當他們不同意的時候，你打算怎麼做。

假使你想要帶出對某事的知曉，但集體意識卻持有低階的信念，那麼你的靈魂意圖是要刺破那層「幻相的帷幕」，你將會需要「真理之劍」幫你做到這點。

在當權者堅持地球是平的之時，那些解釋這個世界是圓的之人們當然需要「真理之劍」啊！如果你正在帶回關於天然藥物、水晶、靈性或天使訊息的智慧，或是你在別人看不見的情況下看見「靈」，這條龍將會與你同在。即使危及自己的職業生涯也敢於揭露真相的舉報者，以及敢於揭發實情的記者們，都得到這些龍的支持。

你的寶藍金龍為你攜帶著「真理之劍」，而且就在你身邊，準備好在你需要「真理之劍」的瞬間，將它立刻交給你。

寶藍金龍是非常威力強大的。一旦祂們成為你的保護者，祂們將會對試圖在身體上或情感上傷害你的任何人怒吼。其他人可能聽不見這個聲音，但是他們肯定會感覺到那個振動。如果某人協助你的使命且為你的使命灌注更大的力量，祂們也會支持對方。

這些龍提醒你，時候到了，該要醒悟到你真正是誰了。在祂們的協助下，你可以正氣凜然地靠你的力量和威嚴站穩。

練習35

得到你的「有智慧的力量披風」和「真理之劍」

1. 找到一個你可以安靜下來、不被干擾的地方。
2. 點燃一根蠟燭，獻給與寶藍金龍的連結。
3. 閉上眼睛，放輕鬆。
4. 祈請一條寶藍金龍，看見或感應到祂的蒞臨。
5. 坐在祂的背上，溫和地與祂共乘，穿越各個維度，來到班夫鎮（Banff）路易斯湖（Lake Louise）上方大天使麥可的藍寶石神廟。
6. 當你靠近時，神廟的金質和藍寶石大門突然打開。
7. 大天使麥可親自在「大廳」（Great Hall）內等候你。
8. 你從你的龍身上滑下來，站在大天使麥可面前。

9. 祂仔細但和藹地檢視你，然後點點頭。
10. 瞬間，一件寶藍配金色的「有智慧的力量披風」披在你肩上，一把熾熱的「真理之劍」在你的雙手中。
11. 感覺到你自己帶著真理和榮譽靠你的力量站穩。
12. 大天使麥可微笑著消失。
13. 你返回到與你的寶藍金龍一起開始的起點。
14. 你披上披風，而這條睿智的保護龍為你握著真理之劍，就在你身邊。
15. 睜開眼睛，準備好要有智慧地揭露你的宏大莊嚴。

第27章

玫瑰粉龍

當玫瑰粉龍（rose pink dragon）接近你的時候，你已經準備好迎接祂們散發的溫暖人心、更高階的愛。粉紅色玫瑰是天使女王（Queen of Angels）瑪麗（Mary）的花朵，而且是愛的散播者。玫瑰粉色是純淨的、柔軟的、美麗的。玫瑰粉龍是以心為中心的愛的散播者，祂們與大天使夏彌爾合作，敞開且提升你的心輪的頻率。

你的心輪包含反映基督之愛的三十三間密室。你的心的每一間密室內含一門功課，你必須學會這門功課，密室才能完全敞開。玫瑰粉龍協助你學習這些功課。前十間密室是我們體驗、戰勝、蛻變情緒的地方。很容易將不舒服的感覺掃到心的後方，在那裡，這些感覺堵住了門。當這種情況發生時，我們持續關著門——或者至少不是完全敞開——這導致我們抑制愛。

打開且滌淨高階心的花瓣，往往是比較容易的。玫瑰粉龍與大天使夏彌爾，為我們持有心輪的每一間密室，都是完全敞開且散發著愛與光的願景。想像一下由三十三顆燈泡組成且排列緊密的螺旋形。外圈是綠色燈泡，接下來是粉紅色燈泡，再來是紫粉色燈泡。中央區的燈泡是純白色，每一顆都可以發光一五〇瓦，但是有些看起來好像只有六〇瓦，因為它們蒙上了乙太污垢。

所以，當我們醒悟到自己的靈性旅程時，我們人類最難處理的十間密室，涉及自我中心、害怕匱乏、相信不惹人愛，而不是喜悅、活著、付出，現在該是清除它們的時候了。

當你準備好要完全喚醒你的心輪時，要先從設定這麼做的意圖開始。準備好要寬恕曾經傷害過你的每一個人，以及要寬恕你自己，真正愛自己。培養更高階的愛的品質，例如同理和慈悲。愛動物、孩子、你的朋友、家人，讓自己想到他人的良善，明白諒解且讓人賓至如歸，好的念頭造就好的心。

心輪中心的純白密室，是關於與超然的愛（transcendent love）、宇宙的心（cosmic heart）、宇宙的愛（cosmic love）、「一」連結。

玫瑰粉龍可以幫助你在你的旅程上，完全敞開你的心輪。想到你正緊抓不放的任何低階情緒，肯定地表明你已經準備好要放下你的小我，讓你可以釋放那份感覺。然後請求玫瑰粉龍銷毀老舊的東西，以超然的愛消融它。每次你這麼做的時候，你都在允許你的心更敞開一些。繼續這麼做，表現得好像你的心是完全敞開的。你可以請求玫瑰粉龍建造一座從你自己的心到宇宙之心的能量之門或通道，讓你可以沉浸在宇宙的愛中。

浪漫的愛

如果你正在尋找浪漫的愛，不妨召喚這些美麗的龍來幫你，祂們將會幫忙兩個同樣追求浪漫的人聚在一起。祂們看見兩個人何時有匹配的振動，於是與他們的守護天使一起運作，協調某次相會。祂們甚至協助戀人讓彼此心的頻率同步，允許他們的關係更快樂地流動。

超然的愛

這些玫瑰粉龍會將祂們特殊的粉紅色超然的愛，吹入你的本我輪，幫助本我輪擴展。這使你的所有關係變得更加和諧，你的家庭連結變得更加有愛。如果你想要生命中有更多的愛和溫暖的友誼，請呼喚玫瑰粉龍。

席捲全世界

你也可以請求玫瑰粉龍席捲全世界，溫暖而慷慨地觸動和打開人心，以此作為一種服務的行為。

練習36

打開你的心輪

1. 拿一張白紙和幾支綠色、粉紅色、淡紫色蠟筆。
2. 畫一個螺旋形，在螺旋形上畫三十三個小圓圈，代表你的心的密室。或者，你可以畫一朵花，好比有三十三片花瓣的雛菊。
3. 將外圍的十個圓圈或十片花瓣塗成綠色，然後是接下來的十個或十片塗成粉紅色，接下來的九個或九片塗成淡紫色，留下最裡面的四個或四片塗成白色。

4. 當你在圓圈內或花瓣裡塗色時，要確認你已經準備好要釋放和寬恕。
5. 完成後，請求玫瑰粉龍用玫瑰粉紅的愛填滿圓圈或花瓣。

練習37

用光和愛填滿你的心

1. 找到一個你可以安靜下來、不被干擾的地方。
2. 下定決心要放下小我，寬恕包括你自己在內的每一個人，敞開你的心。
3. 請求玫瑰粉龍來到你身邊。
4. 覺察到美麗的玫瑰粉龍在你身邊滑翔，將愛從祂們的心注入你的心。
5. 打開通向前十間密室的門，請求玫瑰粉龍進入，治癒裡面的一切。看見不再為你服務的老舊在純愛之中被蛻變。看見從每一面閃耀著光芒四射的玫瑰粉色，用粉紅色填滿你的氣場。
6. 然後繞著螺旋形移動，打開通向接下來十間密室的門。重複上述步驟。看見或感應到每一間密室亮了起來，你的氣場變成更亮的玫瑰粉色。

7. 在接下來九間密室裡做同樣的事，留神觀察或感應它們亮了起來，填滿你的氣場。

8. 當你打開通向四間中央密室的門時，純淨的白光傾瀉而出，白色的鑽石光在你的能量場裡閃耀。

9. 大天使夏彌爾將一道玫瑰色的光和愛注入你的心。

10. 請求玫瑰粉龍一起劃過天空，用玫瑰粉色照亮人類集體的心。

11. 感謝玫瑰粉龍，睜開眼睛。

12. 在玫瑰粉龍留在你身邊、照亮你的過程中，注意你如何超越自己的情緒。

第28章

金色亞特蘭提斯龍

地球上幾乎每一個人都在亞特蘭提斯時代有過化身，因為這個時代持續了二十六萬年，是有人類以來最長的文明。每一個人都活在和諧與合一之中的亞特蘭提斯黃金時期，持續了一千五百年。人們、動物、土地本身都散發著金色的氣場。現在這裡的所有光之工作者，都與那個特殊時代有所連結。

亞特蘭提斯黃金時代的頻率，是地球上有史以來達到的最高頻率。人們有水晶身體，所以比起我們現在，他們可以保有更多的光。光包含靈性信息、知識、愛和智慧。他們能夠保持這樣的高頻率，因為他們全都有完全運作的五維脈輪，所以他們的十二股DNA是連結的且被啟動了。生活在最純淨的亞特蘭提斯時代的人們，擁有十二股完全相連的DNA。在每一股DNA之內，都有六十四個密碼子（codon）或珠子，使人們能夠活出

非凡的人生。五維脈輪是靈性中心，保有促使這個黃金時期變得如此難以置信的信息，加上這時使用水晶、靈性技術、心智操控，以及我們目前無法理解的宇宙旅行。亞特蘭提斯的先進靈性技術，是由水晶和心智操控啟動的，現在則在我們的潛意識裡作為神話或夢境被記住。然而許多人仍舊嚮往的那段記憶，其實正是每一個人當時享受到的愛和靈魂滿足。

宏偉莊嚴的金色亞特蘭提斯龍，在當時主動地支持這股能量，祂們至今仍舊攜帶著那個令人敬畏的時期的密鑰和密碼。當你準備好要憶起金色亞特蘭提斯的智慧時，祂們便靠近你。你的亞特蘭提斯大師身體的信息，被保存在你個人的五維藍圖內。當你準備好要帶出來自金色亞特蘭提斯的記憶和知識時，金色亞特蘭提斯龍將會與你一起重新啟動它，將它帶到表意識。當你的十二股DNA重新連結時，這事便自動地發生。

隨著亞特蘭提斯的退化，五個脈輪被撤回，其中包含四十四個密碼。這些不連貫的密碼，包含我們的心靈和靈性天賦、心靈感應（telepathy）、心靈遙感（telekinesis）、顯化的力量、靈視力（clairvoyance）、靈聽力（clairaudience）、自我療癒、再生，以及許多其他力量。現在我們正在帶回我們的十二個脈輪，金色亞特蘭提斯龍正在幫助我們重新連結那些密碼，喚醒我們的知識、天賦和才能，這也會解除「失憶的帷幕」（Veil of

Amnesia），然後你才能真正體認到一體性並融入其中。

重新連結你的DNA

在亞特蘭提斯的黃金時期，人們學會一路放鬆，下達細胞層次。這意謂著，細胞中DNA內的珠子或密碼子，可以鬆開且並列排放，因此它們彼此觸碰且完全相連。所以，第一步是要深度放鬆。

愛是本質，所以要培養慈悲、同理心、寬宏大量，這提升你的能量頻率，而喜悅、幸福、歡笑、正向生活、純娛樂、享受人生，則是重新連結我們的DNA的重要品質。

在滿月和其他時間，宇宙能量的爆發現在正由銀河聯邦理事會下載，為的是再次重新啟動這些超然的脈輪。如果你已經準備就緒，不妨請求金色亞特蘭提斯龍幫助你利用這些機會，祂們一定會使你能夠再次開啟你的十二股DNA。

還有另一個重要的條件，那就是，你周圍的氣氛和能量，它需要是高到足以讓啟動可以發生，所以，讓自己與高頻的人們在一起，生活在純淨的環境中。

大水晶

亞特蘭提斯的大水晶被收藏在波賽頓神廟裡，由純淨的「本源」能量提供動力。這是這次黃金時期整個實驗的動力產生器。雖然在亞特蘭提斯崩塌時，大水晶落入百慕達三角中心的海洋中，但它仍然是偶爾使用的能量之門和發電機，受到水龍們的保護。

那時候，金色亞特蘭提斯龍退出地球，因為祂們的頻率太高，無法與人類連結。現在，大水晶終於再次甦醒，而且已經開始再一次將金色光芒的噴泉噴灑在整個地球上。金色亞特蘭提斯龍已經能夠返回地球，使我們回想起我們是誰以及我們可以完成什麼。祂們不僅正在修復我們未來的基礎，而且正在促使我們做好準備，要在更高的層次再次建造。

亞特蘭提斯的大師們

亞特蘭提斯時期的大祭司和女祭司們，是五維到六維的，祂們監督地球的運行。祂們直接與銀河聯邦理事會以及許多恆星系統的大師們溝通，金色亞特蘭提斯龍與祂們一起工作，而且支持和保護祂們。當祂們為了諮詢宇宙裡其他地方的智者而離開身體旅行時，金色亞特蘭提斯龍時常與祂們一起穿越維度。

這些龍精確地記得，你在那個時代是誰、你做過什麼事、你的光的特質、你的靈魂使命。祂們可以將這些記憶以爆發的金色之火吹入你的眉心輪，以此喚醒你。當你再一次穩穩地站在你在金色亞特蘭提斯的大師級精通嫻熟之中，你的「幻相帷幕」將會開始消融。

就跟許多龍一樣，金色亞特蘭提斯龍是清除專家，可以消融掉不再為你服務的任何東西，包括來自那個時期左右且你準備好要釋放的東西，然後你在亞特蘭提斯時期的光可以回歸。當你準備再次成為「亞特蘭提斯大師」時，這條龍一定會與你同在。

練習 38

幫忙重新連結你的十二股DNA

1. 找到一個你可以安靜下來、不被干擾的地方。
2. 點燃一根蠟燭，獻給與金色亞特蘭提斯龍一起工作。
3. 閉上眼睛，盡可能地深度放鬆。
4. 祈請一條金色亞特蘭提斯龍，看見或感應到祂以一道金光接近你。

5. 請求祂將祂的金色之火注入你的心，擴展你的可能性，開始重新連結你的十二股DNA。
6. 想像你的十二股DNA就像兩股在你的身體細胞內並排躺著的珠子，動人而放鬆。
7. 你被金色之火包住，愈來愈放鬆。
8. 現在請求祂將金色之火注入你的眉心輪，喚醒你的記憶。
9. 信任轉變正在發生。
10. 感謝金色亞特蘭提斯龍，睜開眼睛。

完成這段觀想之後，記得要昂然站立，像個光芒四射、擁有金色氣場的「亞特蘭提斯大師」。

第29章 桃金和平龍

許多大天使都有和平龍與祂們一起工作，在不同的顏色頻率上。舉例來說，大天使烏列爾（Uriel）的金龍用智慧散播和平；大天使克里斯蒂爾的月白龍，用更高的靈性理解散播和平。然而，在撰寫本書的時候，桃金和平龍（peach and gold peace dragon）找上我，祂們想要被囊括在這本書裡。桃金和平龍極其美麗而空靈，祂們帶著雅致的色彩閃爍閃耀。桃色包含愛的粉紅色和智慧的金色，祂們散發的金色是一種很淡的高頻光。祂們用愛和智慧影響他人，以此找到和平。祂們看起來、感覺起來是宏偉莊嚴的。

帶來和諧

看見一條桃金和平龍令我相當驚訝，因為祂的能量似乎比較像是天使的能量而不是龍的能量，祂不斷給我留下和平的願景。我領悟到那條龍正在告訴我，祂與人們一起運作，使他們達致和諧。祂要我想像我已經得到了和平的禮物，祂將能量吹過我整個人，用和平填滿我的身體、心智、內心——一種美妙的感官體驗——而我立即感覺到難以置信地被愛，附帶知道一切安然無恙。我的氣場變成了桃金色，從我周圍向外蔓延。

然後祂帶我進入我的內在世界，用這股能量觸動他人。無論祂帶領我到哪裡，都有一根桃金色手指會從我的氣場向外伸向人們，而人們會立即變得歸於中心，靜定而和諧。他們的心會逐漸盈滿柔和的粉紅色且大大敞開，他們會處在和平的狀態。

用和平觸動他人

跑了幾個晚上，我騎在祂的背上，那條桃金和平龍帶我到聚會地點。那條龍的能量會流經我全身，像一滴油滴在渾水上一樣，散布蔓延到眾人身上。有一次，我們在一個有黑暗腐敗的地方。我的坐騎直接走向一名身材魁梧的男子，站在他面前，但是男子看不見桃金和平龍。當我的龍轉身看著我的時候，我知道我的任務是要請求祂觸碰這個人。我一這麼做，那條龍便將祂的頭湊到男子的胸前，然後吹氣。桃金色的光射入男子的氣場，男子一臉茫然，然後他原本如花蕾緊閉的心，開始膨脹擴展。我不知道在這之後，他是否做出了不同的決定，但是我確信，新的可能性已經為他而敞開。

與桃金和平龍一起生活

當你請求桃金和平龍始終與你一起生活的時候，你的人生便感覺起來不一樣。你可以邀請祂進入你的氣場，在這種情況下，你將會感應到祂始終散發難以置信的溫和的愛、和平、無害、恩典。你將會感覺比較平靜，於是曾經很要緊的事就不會顯得那麼重要了。你變得更加歸於中心且有耐心，更加溫和且有愛心，但是如果有需要，你仍然可以捍衛自己。你可以據理力爭，為自己挺身而出，然而你不需要那麼做，因為你的能量已經變得接納、包容、平靜、撫慰、啟迪人心。這意謂著，其他人跟你在一起覺得安全，他們尊敬你且敬重你的光。達到這個境界不是一夜之間的事，但是如果你將這點設定成你的目標和意圖，桃金和平龍就可以對你產生強大的影響。

除此之外，你可以請求這條龍將祂的和平能量，吹進你的氣場和你的十二個脈輪，感應到或感覺到你的靈性中心旋轉得更加快速。不斷地與這條龍談論生活在和平之中，並散播這個信念。無論你走到哪裡，想像你身在一柱桃色和金色的光中。感應到和平的手指從你向外移動，包住你身旁的人們。

派遣桃金和平龍

如果你想要派遣這些桃金和平龍去觸碰地方、人們、情境，首先要請求祂們用祂們的和平之光填滿你的存在，而且吸入和平之光。然後請求祂們將祂們的和平頻率，傾瀉在個人和集會的人們身上，注入情境和地方。你可以創建一座桃金光橋，通到人們聚集決策的地方，然後指揮成千上萬條桃金龍越過桃金光橋，散播和平的思想，祂們的能量可以打開內心和頭腦。

幫助動物

你也可以派遣桃金和平龍到集中養殖動物的企業，嘗試提升那些動物的頻率，因為透過和平帶來一體性，這將會幫助被視為商品的動物們，可以承受被強加在牠們身上的奴隸身分。

練習 39

散播和平

1. 找到一個你可以安靜下來、不被干擾的地方。
2. 點燃一根蠟燭，獻給帶著愛與智慧生活在和平之中。
3. 閉上眼睛，放輕鬆，帶著歸於中心、和平的念頭。
4. 召請桃金和平龍，當祂們輕輕地圍繞你，你可能會感覺到微弱的空氣流動。
5. 感覺到或感應到祂們將桃色和金色的和平吹進你的心，感覺到你的心敞開且變柔軟。

6. 覺察到你的氣場盈滿桃色和金色的光，因此你成為一簇和平的火焰。
7. 一條桃金龍邀請你坐在祂的背上，你們一起創造出一簇空靈、平靜的火焰。
8. 你們一起飛進你的住家或辦公室。在這裡，桃色和金色的和平從你散播蔓延，填滿整個空間，它觸動和撫慰所有人的頭腦和內心。
9. 接下來，你們一起飛到世界上某個有動亂的地方。當你們盤旋在人們上空時，桃色和金色火焰的手指向外伸出，觸動所有憤怒人們的頭腦和內心。
10. 感應到或想像他們逐漸放鬆，變得腳踏實地且歸於中心，從更高、和平、睿智的視角看見事物。
11. 知道你正在將和平能量留下，知道和平能量將會去到最需要它的地方。
12. 返回你們開始的起點，感謝你的龍。

當你在夜晚與這條龍一起工作時，你成為和平大使，甚至可能是內在層面的銀河系際和平大使，你可以成為一股向善的巨大力道。

第四部

與大天使、大師們共事的龍

引言

某些龍與祂們的大天使或大師合作，不過祂們在不同的波長上，雖然大天使持有願景，但是祂們的龍清除阻礙這個純淨意圖的低階能量。

舉例來說，如果你請求大天使約菲爾（Jophiel）和祂的水晶黃龍，幫你打開頂輪的千片花瓣，祂們一定會互相聯絡，基於你的至善協助你。大天使約菲爾將會提升你的頂輪的頻率，讓通向千間密室的那些門開始打開。水晶黃龍將會幫助密室內的每一片花瓣生長，並向外伸向星星，這條龍將會解開那些需要被解放的東西。作為一個團隊，祂們使你的頂輪能夠充分運轉，效率遠遠高過個別單獨運作。

當你感覺到與這些龍之一有默契的時候，祂便自動地幫你與祂相互配合的大天使或大師協調。

第30章 大天使薩基爾的金銀紫焰龍

大天使薩基爾是純淨的紫羅蘭色，最深層的靈性蛻變顏色。在亞特蘭提斯的黃金時期，每一個人都可以取用自己的紫羅蘭火焰，來燒掉周圍的任何低階能量或任何情境，這使得亞特蘭提斯的公民能夠始終保持一切清明而純淨。強大的聖哲曼現在是「文明之主」（Lord of Civilization，這個宇宙裡最高階的職位之一），祂也攜帶著紫羅蘭火焰。當亞特蘭提斯衰退時，紫羅蘭火焰被撤回內在層面，因為它的力量可能會被濫用。

一九八七年的和諧匯聚

一九八七年，在一次被稱作「和諧匯聚」的重大行星連珠時期，許許多多的人們為地球祈禱求助，因此聖哲曼向「本源」請願，請求帶回紫羅蘭火焰。這份請願被批准了，於是某些紫焰龍（violet flame dragon）返回地球。

龍門打開

二〇一二年，當龍門打開時，大量的龍回到地球上，其中有許多紫焰龍。「恩典的銀色火焰」（Silver Flame of Grace），以及「金色的亞特蘭提斯智慧火焰」（Gold Flame of Wisdom of Atlantis），與「紫羅蘭火焰」融合，成為「金銀紫羅蘭火焰」（Gold and Silver Violet Flame）。紫焰龍吸收了已擴展的高頻火焰，成為「金銀紫焰龍」（Gold and Silver Violet Flame dragon）。這使祂們能夠用恩典和智慧蛻變低階能量，將它們轉化成為高階許多的東西。

祂們將會幫助你溫婉地轉化你自己和你身邊的一切，在這種能量之內，神奇的治癒可能會發生。

神性煉金術

聖哲曼有一世曾經是梅林（Merlin），而梅林是我們世界有史以來最偉大的煉金術士，而金銀紫焰龍攜帶著祂的力量。祂們也是神性煉金術士，每當你與祂們連結時，祂們便將你鏈接到聖哲曼和大天使薩基爾。不只是你被蛻變老舊且將頻率提升到比以前更高層級的紫羅蘭火焰吞沒，而且銀色火焰使你沐浴在「神聖女性」之中，同時金色火焰用智慧觸動你。與此同時，聖哲曼和大天使薩基爾雙雙照亮你。

釋放過去

你可以請求大天使薩基爾的金銀紫焰龍幫你釋放過去，想到一個仍然對你有情緒性影響的情境，然後召請這些龍。好好持有從你的能量場和身體細胞內澈底清除那個事件或創傷的意圖。若要做到這點，你必須準備好寬恕與發生之事相關的每一個人，包括你自己。這事的源頭可能在前世，但是這沒有什麼差別。為了銷毀老舊，你的意圖和這些龍的恩典才是唯一重要的。當你確實祈請祂們時，祂們將會照亮你，將你吞沒在祂們輝煌且具蛻變功能的金色、銀色、紫羅蘭色火焰之中。

請求祂們用新的光和喜悅美麗的能量取代老舊，就跟所有的靈性工作一樣，你可能必須這麼做許多次，但是最終，它必定讓你得自由。

金色的保護

紫焰龍使你的氣場大開，所以你需要保護你的能量場。金銀紫焰龍也使你大大敞開，因為祂們銷毀你的能量場內的低階能量，但是與此同時，金色火焰在你的氣場周圍設置一道保護圈。你可能會喜歡請求祂們增添額外的金色火焰，確保你完全受到庇護且是安全的。

滌淨你的氣場

若要洗滌和淨化你的氣場，最容易且最有效的方法之一是，召請金銀紫焰龍來燒光低階頻率。祂們將會用高階振動的乙太之火填滿你，祂們也會燒掉從他人朝你而來的不和諧能量，而且祂們提升你的光。有那麼片刻，你自己變成了一簇金色、銀色、紫色的火焰。

在恩典之下服務

這些龍已經回來要為地球服務，因為自由意志的關係，祂們需要你把祂們派遣到人們、地方和情境，燒掉一直使我們大家停滯不前的狀態。你不能影響任何人的業力或改變他們的境遇，除非你得到他們或他們的高我（higher self）許可。如果你確實影響到他們而且結果糟透了，你就要承擔對方的業。不管怎樣，你可以請求金銀紫焰龍在恩典之下燒掉某人身邊某個情境的負面性。這意謂著，唯有對方的高我同意，才可以那麼做，這使你能夠放輕鬆，提供你的服務，同時保證你正與靈性法則一起運作。

練習 40

在恩典之下幫忙滌淨和療癒

1. 找到一個你可以安靜下來、不被干擾的地方。
2. 點燃一根蠟燭，祈請金銀紫焰龍。
3. 看見或感應到祂們在你身邊盤旋，等待你的指示。
4. 指揮祂們在恩典之下去到某個人、地方、情境、聚會地點、國家或重要的地方，燒掉低階能量。
5. 想像金銀紫焰龍火速執行你的命令，將祂們的乙太之火注入其中。
6. 感覺到、感應到或看見那些火焰吞沒，和療癒那個人、地方、情境、聚會地點或國家。
7. 想像更高頻的新能量取而代之。
8. 覺察到聖哲曼和大天使薩基爾庇佑那個結果。

練習41

蛻變低頻能量

1. 找到一個你可以安靜下來、不被干擾的地方。
2. 點燃一根蠟燭，獻給你與金銀紫焰龍的連結。
3. 選定不再為你服務的某事。
4. 閉上眼睛，放輕鬆。
5. 祈請金銀紫焰龍，感覺到祂們的火焰在你身邊盤旋。
6. 想像你想要蛻變的東西，以乙太方式消融在紫羅蘭色、銀色、金色的火焰之中。
7. 請求金銀紫焰龍，在更高的頻率用充滿喜悅的新機會取而代之。
8. 知道祂們正開始與你一起工作。
9. 感謝祂們，睜開眼睛。

第31章

雷神索爾的紅黑金龍

索爾（Thor）有過許多世化身，在那些化身期間，他精通嫻熟了火元素。祂可以點燃火元素，讓它燃燒，移動它，減少它或熄滅它。祂可以用心智的力量指揮火，火候達到使祂成為雷神（God of Thunder）的程度。紅黑金龍（red, black and gold dragon）們直接在火元素大師索爾的指揮下工作。

大天使加百列

大天使加百列是全面負責火的天使存有，祂指揮索爾和索爾的龍。大天使加百列將這些龍派遣到需要祂們的地方或情境。祂們運用火的力量清除和蛻變老舊，在需要再生的地方允許再生。

人類會影響元素

火災不是意外發生的，就連野火燎原也是有目的的。不管怎樣，火的元素精靈火蜥蜴，非常容易受到人類能量的影響。當我們變得興奮或害怕時，牠們緊緊抓住我們的能量，開始發狂。然後火可能會失控，改變神性計畫。我們人類可以大大影響火災（或颶風、地震或洪水），只要運用我們的自由意志有智慧地發送平靜、和平的念頭，安撫火元素精靈們。

龍是睿智的年長存有，祂們以強健而穩定的方式執行任務。祂們不受人類的情緒和思想影響。所以，你可以派遣祂們去到挑戰性十足的情境，知道祂們一定會穩妥地達到目的。

警告標誌

索爾的紅黑金龍是威力非常強大的火元素精靈。紅色和黑色一起是大自然的警告標誌，明白表示：「不要惹我喔！」——它們暗示採取行動的能量和能力。此外，索爾的龍已經掙得了金色，那表示，祂們將會有智慧地運用祂們的力量和能量。祂們仍舊散發這則訊息：「不要惹我喔！」但也顯示，任何行動一定會得到理智的淬煉。

和平戰士

這些龍與紅色的戰士行星火星（Mars）的已揚升部分「奈潔雷」（Nigellay）連結。祂們在這整個宇宙裡擔任靈性的、和平的戰士。祂們四處巡邏，確保一切正常。祂們幫助弱者，節制強者的行動。在有分裂瓦解或意見不一的地方，祂們充當警察，用明智行動的力量使事物返回均衡，然後祂們可以銷毀已經被創造出來的稠密能量。

因為我們得到了自由意志的恩賜，地球在很大程度上是落單的。我們並沒有被忽略。相反的，靈性界域一直留神觀察在地球上的人類活動，而且愈來愈關心。但是現在，整個世界準備好了要改變，終於，我們準備就緒，迎接雷神索爾的紅黑金龍。祂們已經來到這裡，為的是擔任和平戰士，但是只有在我們允許的情況下才能夠那麼做。我們愈常請求祂們巡查我們的世界，解散衝突，幫助弱者和無依無靠的人們，削弱惡霸的力量，讓被惡霸欺凌的受害者可以自由地呼吸，幫助人們了解動物，新的局面就會愈快出現。

當一個國家或一群人，正在威脅另一群人或製造不公平的情況或條件時，請派遣這些龍過來，解散低階能量並帶來智慧。如果公司或組織正在運用不公平的手段，你可以請求索爾的紅黑金龍去影響他們，幫助員工、客戶，最終幫助每一個人。

因此，你可以派遣紅黑金龍去到需要祂們幫忙的地方或情境，藉此幫助紅黑金龍以及這個世界。你可以指派單一的戰士龍，也可以請求一隊隊的戰士龍完成這份光的工作。祂們將會始終基於至善，精確地完成對每一個人來說都是對的事。如果某個國家、某家公司、某個團體或某位個人在經濟上崩潰，或是在任何其他方面崩潰，這些龍的幫忙正是需要的東西。

紅黑金龍如何幫助你？

你可以請求祂們幫忙你改變你個人生命中的情況或境遇，可能是時候到了，該要離開一段關係，向前邁進，而你想要援助，才能以乾淨的方式完成這件事。或許你正在被某人或某個組織削弱力量，如果是這樣，你可以請求這些龍協助你再次靠自己的力量站穩。當你做出這樣的轉化時，祂們將會清除你周圍的能量，因為祂們完全致力於用愛和智慧幫助你。

如果這些龍之一為了協助你而出現，那麼你已經掙得了得到祂們支持的權利。今生是累世的頂點，而且該是你獲得自由的時候了，好讓你可以有所進展，祂們一定會始終保護你。

練習 42

幫助你在人生中繼續前進

1. 找到一個你可以安靜下來、不被干擾的地方。

2. 點燃一根蠟燭，獻給與雷神的紅黑金龍一起工作。
3. 閉上眼睛，放輕鬆，祈請紅黑金龍。
4. 感應到或看見祂們正在清除你周圍的能量。
5. 不管你準備好要離開什麼情境或關係然後繼續前進，好好説給祂們聽，這可能是改變家庭模式、搬家或適合你的任何事情。
6. 覺察到紅黑金龍在你想要放下的東西旁邊飛舞。
7. 隨著舊能量崩潰，看見老地方填滿一長串的金色，知道渴望的改變正在開始。
8. 現在將正向改變的渴望延伸到地球，派遣一隊紅黑金龍，解散不誠實或貪婪的公司、組織或國家周邊的低階振動。
9. 看見紅黑金龍成扇形散開，完成祂們需要做的事。
10. 看見那個情境被金色的光圈住。
11. 感謝紅黑金龍，知道祂們一定會持續努力解決你的請求。

第32章

大天使馬利爾的洋紅龍

大天使馬利爾（Archangel Mariel）掌管你的靈魂之星脈輪，且與洋紅龍（magenta dragon）一起工作。洋紅龍陪伴你踏上你的永恆靈魂旅程，而且，當你準備就緒時，祂們必會輕推你，讓你醒悟到你真正是誰。祂們也使你能夠在今生帶出你的靈魂智慧，加速你的揚升。祂們的終極目標是幫助你與你的高我融合，好讓你以全然不同的方式活出你的人生。

你的靈魂旅程

你的「單子」或「我是臨在」是你的十二維部分，這簇超乎人類理解的強大火焰，是「本源」之光的碎片，被派遣出去是為了體驗創造，最終將那些體驗返還給「神格」（Godhead）。你的「單子」派出去十二名兒子和女兒（或它自己的部分）深入物質，為的是將學習到的東西帶回家。

這些兒子和女兒是你的高我或靈魂，那又是一簇華貴的火焰，雖然不如你的「單子」明亮。

當你的靈魂成為全然十二維的時候，它開始融合回歸進入「單子」，不過它也可能為了協助他人而選擇保持分離。

每一個靈魂依次派遣十二名兒子和女兒進入這個宇宙，學習並將他們的新知識帶回給靈魂。這是你的一部分，正在這裡體驗人生，它被稱作「靈魂延伸」（soul extension）或你的「人格自我」（personality self）。

你有不少面向，他們是靈魂兄弟、姊妹、表親，全都踏上同樣的追求，為的是擴展他們的光並將光帶回家。你可能曾經見過他們，或是他們可能不是跟你同時在地球上。他們可能在另外一個星球、宇宙、層面或維度，但是你仍然可以與他們連結。

一旦你的十二個五維脈輪都錨定了且快速旋轉，一條洋紅龍將會與你同在，幫忙喚醒靈魂的記憶。

失憶的帷幕

當我們穿越各個宇宙、層面、維度旅行的時候，我們總是記得自己來自哪裡以及我們的起源。然而，在化身到地球上之前，我們穿過「失憶的帷幕」，忘記一切。這是因為我們已經進入了自由意志的層面，那是由「本源」和「銀河聯邦理事會」在這裡設置的一樁實驗。目標是要看看我們是否可以來到這個稠密的物質空間，照顧一具物質身體，保持我們與「本源」的連結，同時擁有自由意志，可以做出自己的決定。

唯有勇敢的靈魂才敢接受這份邀請，踏上如此進入未知的探險。但是幾百萬的存有確實自願前來。沒有人可以預測在這裡會發生什麼事。業力系統被建立起來，這樣靈魂才會體認到，每一個自由做出的決定都有一個後果。一旦你簽署踏上這趟旅程，就必須一次又一次地返回，直到你做對了為止。

這是為什麼現在地球上有七十億人的原因之一。這樁實驗的下一步開始於二〇三二年，因此人人都想清除自己的業力，讓自己可以繼續前進。許多人對於自己處理地球狀況和自身業力的能力過於樂觀，這促成各地的騷亂。

然而幾百萬人正在醒來，而且大量的洋紅龍在這裡，協助他們為新的黃金時代做好準備。

洋紅龍如何幫助你？

當一條洋紅龍看見你的光正在燃燒時，祂靠近你，開始在你身邊建立一簇巨大的、深粉色的愛的火焰，這洋溢著更高的靈性知識、理解和智慧，這條洋紅龍運用這點使你準備好接受你真正是誰。祂開始消融「失憶的帷幕」，讓你可以開始憶起你的起源、你的靈魂旅程、你的天賦、才能、智慧，然後你成為「開悟者」（Enlightened One）。

洋紅龍和大天使馬利爾的天使們，握有關於你的整趟旅程的所有信息，包括穿越許多層面和維度、在整個宇宙的其他恆星和行星上。祂們不斷地提醒你，你其實是偉大的發光存有，在宇宙裡有獨一無二的角色。你有許多可以提供，否則你不會正在閱讀關於洋紅龍的信息。祂們正在協助你接通你的高我且最終與它融合，好讓你用愛和智慧的眼睛看見一切。

你的洋紅色靈魂之星脈輪

靈魂之星是五維脈輪柱中的第十一個靈性脈輪，它反映出大天使馬利爾的華貴光芒，而且記錄你的靈魂的整趟經驗，以及你的靈魂兄弟姊妹的整趟經驗。你的真實、浩瀚的光，可以在這裡被觸及，這是為什麼你的靈魂之星脈輪十分重要，也是為什麼洋紅龍正在找出那些準備好要取用自己的靈魂智慧的人們。祂們準備好這條路，讓大天使可以在深度的靈魂層次喚醒你。祂們幫助你踏上你的旅程的下一步，與你的靈魂或高我融合，這是揚升，祂們加速揚升。

這裡有一段與洋紅龍連結的觀想，讓你允許通向你的浩瀚靈魂記憶的大門敞開。你將會坐在你的發光靈魂的中心，感覺你的真實光芒。洋紅龍將會啟發你成為靈性之光，促使地球向前邁進。

這是絕佳的觀想，可以作為晚上睡前的最後一件事。

練習 43

幫助你重新發現你的靈魂智慧

1. 找到一個你可以安靜下來、不被干擾的地方。
2. 祈請一條大天使馬利爾的洋紅龍。
3. 覺察到這條光輝燦爛的龍，在你周圍創造出一簇洋紅色火焰。
4. 祂正在將火焰吹進你的靈魂之星，將它吹拂到生命中，看見火焰擴展和發光。
5. 在你的上方是你的發光靈魂的多彩火焰。
6. 坐在那條龍的背上，祂帶你踏上旅程，造訪其他前世、存在的層面乃至不同的宇宙。
7. 你有意識或無意識地勾起回憶。
8. 祂與你一起飛進火焰的中心，那是你浩瀚的靈魂能量。
9. 看見盤旋在你周遭的色彩、光、能量。
10. 在這裡平靜地休息，注意你的感受。
11. 注意你其實是多麼廣大無邊、發光發亮的。

12. 洋紅龍將你帶回到你們開始的地方。

13. 將你的整個靈魂能量與你一起向下帶，持續好一陣子。

14. 請求你的高我能量盡可能多地保持與你同在。

15. 感謝大天使馬利爾的洋紅龍，睜開眼睛。

第33章 觀音的粉紅龍

觀音，在東方相當於西方的聖母馬利亞，被稱作「慈悲女神」（Goddess of Mercy）。無論是過去和現在，祂在世界各地都深受愛戴和崇敬。

觀音是「御龍大師」，成千上萬的龍在祂的指導下工作。在二〇一二年的「宇宙時刻」，檀香山的龍門開始打開，祂的明亮粉紅龍大量湧入，要幫助人類。

祂時常被敏感人士看見，與一條圍在祂肩上的粉紅龍一同旅行。你可能會考慮邀請一條觀音的粉紅龍圍在你肩上，感受祂的能量。

祂的乙太靜修區位在中國「絲路」沿線的壯麗山脈上方，祂在這裡度過大部分時間，而祂美麗的龍則在這裡等待我們呼喚祂們採取行動。

祂在中國化身了兩千年，在那段漫長的時間裡，祂總是表達純淨的愛、慈悲、智慧。

祂散發出明亮超凡的粉紅色，偶爾是鑽石白，而祂的龍也跟祂一起攜帶著這種能量。祂選擇了在那段漫長的時期化成肉身，好讓祂可以協助人類。

粉紅龍與人們一起穿越維度。當觀音生活在第五維度時，祂享用清淡食物，藉此維持祂的物質身體並保持健康。當祂的靈在第七維度停留時，粉紅龍保護了祂的物質身體。每當觀音穿越頻帶時，粉紅龍照顧祂，祂們還為祂創建了接通第九維度的能量之門。

隨著新的黃金時期臨近，許多人們逐漸變成多維的，即使他們可能沒有領悟到這點。如果你是其中之一，請求觀音的粉紅龍保護你，引導你穿越頻帶，讓你可以長期維持較高的振動。

一旦你與觀音的龍連結了，祂們將會在你身邊流動、起伏，保護你，使你能夠繞過你的挑戰。

觀音的龍的任務是幫助祂維持頻率，以及將祂的知識和宇宙理解傳遞給其他人。祂們使我們沐浴在觀音的光芒中，於是我們敞開我們的意識，接受祂的特殊的愛和最深邃的智慧。然後粉紅龍引導和保護我們，就像對待祂們摯愛的觀音一樣。

散播神聖女性智慧

目前觀音在銀河聯邦理事會任職，祂的任務是散播神聖女性智慧，為女性授權賦能，影響男性，讓男性接觸到自己比較溫和的一面。

祂也任職於由十二位發光存有組成的「業力委員會」（Board of Karma），擔任第六道光束的大師。以這個職位，祂正在幫忙將平衡帶入宗教和靈性中。

在祂的指導下，慈愛的粉紅龍將祂的愛和智慧吹到女性團體和個人的正方，以此影響她們。祂們將光吹進教師們的心智，以此啟迪他們。祂們也將能量吹進在傳統男性領域工作的人們的心智，以此擴展他們的意識。祂們設法影響企業、政府或決策委員會的負責人，以此為每一個人的至善做出明智的決定。

療癒人類的本我輪

觀音的龍正在設法療癒人類的本我輪，祂們抱持著本我輪的願景，散發著明亮光輝的粉紅色超然的愛，讓這個世界可以再次成為「一」。當祂們被邀請這麼做的時候，祂們去到個人和家庭，吹走或蛻變所有阻礙人們真正愛人的低階能量。祂們幫助人們理解本我輪阻塞的根本原因，讓人類能夠真正用愛的眼睛看見，祂們照亮情境，消融這個脈輪中的羈絆，將光大量注入限制性的性愛信念中。祂們澈底融化這裡的任何舊痛、罪疚、創傷。

當舊的信念和看見事物的方式被移除了，你感覺比較輕盈，你帶著尊重和愛對待每一個人，看見他們最好的一面。這些充滿恩典的龍，幫你享有更親密的友誼和豐富的關係。

指揮元素們

觀音是元素大師。祂可以操控風、土、火、水，而且時常被看見與一條四大元素之一的龍一起旅行。祂派遣祂的龍去制伏巨浪、平息颶風、撫慰地震或撲滅火災。當你歸於中心且讓自己平靜下來，然後靠自己的力量站穩，派遣觀音的龍，去撫慰由元素們造成的情境時，你才能真正地影響世界。

靈性與宗教

真正的靈性，接受所有宗教都是一條攀上靈性山脈，達成與「本源」合一的道路。觀音的角色有一部分就是要散播和落實這個真理，觀音的龍正在幫忙照亮準備好要擁抱這層更高理解的人們的心智。

練習44

幫你療癒你的關係

1. 找到一個你可以安靜下來、不被干擾的地方。
2. 祈請觀音的龍，覺察到這些明亮粉紅色的光之存有在你周圍。
3. 請求祂們用純淨的愛填滿你的心。
4. 請求祂們將祂們的超然的愛大量注入你的本我輪。
5. 請求祂們消融掉你的本我輪中任何將你與他人捆綁在一起的羈絆，無論是來自今生還是任何其他前世，在任何的維度或存在層面。

6. 感覺到在「恩典法則」之下，所有業力正在被消融。

7. 請求祂們治癒你所有的關係，包括那些來自前世、你可能沒有覺察到的關係。

8. 請求祂們幫助你用愛的眼睛看見，而且看見每一個人內在的神性。

9. 感覺到你自己被包裹在粉紅色的愛之中。

10. 感謝粉紅龍們，睜開眼睛。

第34章 大天使加百列的白色水晶龍

大天使加百列是純白色的大天使，祂的影響遍及許多宇宙。祂帶來清明、喜悅、希望、純淨、自律。祂也幫助你理解和治癒你的關係。祂掌管一切有情眾生的海底輪、本我輪、臍輪的開發。

大天使加百列的龍閃爍著白色的水晶光，祂們以愛和奉獻為祂們的大天使服務，而祂們的願景是讓你準備好，走上「鑽石揚升之路」（Diamond Ascension Path）。當你的氣場中有足夠的純淨白光時，你就可以走上純淨、希望、喜悅、幸福、愛的鑽石揚升之路。你將會與「淨光兄弟會」（Great White Brotherhood）連結，該會包含所有發展和維護純白真理的組織。

當你準備好要更緊密地與祂們和與大天使加百列連結時，或是要打開你的海底輪、本我輪、臍輪時，這些純淨的白龍將會在你身邊盤旋。祂們將祂們的強烈白光發送到你的能量場中，讓清理和淨化可以發生。然後祂們聚焦在你的物質身體，讓深層滌淨可以解放你的細胞，使它們亮起來。這些白龍可以銷毀任何已被沖出的低階振動，不過祂們時常與金銀紫焰龍一起旅行，後者接管並蛻變被釋放的一切。

這些純白色的龍也與純白色的獨角獸有緣。如果一個人或團體與獨角獸一起工作，白色水晶龍（white crystal dragon）們將會收集被沖刷掉的低階能量。祂們將渾濁的振動打包，請獨角獸將它們帶入可以蛻變它們的內在層面。獨角獸通常帶它們去到地球上最純淨的地方，例如喜馬拉雅山或沙斯塔山（Mount Shasta，大天使加百列的靜修區，譯註：位於美國加州的一座休火山）或中國山脈的上方。

這些龍的光十分純淨，因此祂們可以照亮你的真實本質，直到你變成在靈性上是透明的。效果很像拿著一塊髒布對著光，每一個污漬都變得顯而易見。祂們不評斷，帶著希望和期待留神觀察你的任何靈界存有都不評斷。祂們全都看見你在艱難境遇裡做得有多好。從振動的角度來說，地球像一座泥濘的池塘，所以幾乎不可能生活在這個星球上而不沾染泥土。

此外，許多光之工作者，正在吸收和蛻變來自他們的祖先世系以及人類的集體業力的負面性。大天使加百列的純白龍，現在正在大力幫忙我們把自己和地球準備好，迎接即將到來的新黃金時代。

這些龍召喚你針對自己完成某些工作，檢查並承認你的內在小孩的創傷、探索你的模式的源頭、體認到你真正是誰。當你完成了這件事的時候，祂們將會在內在照亮你，你可能會發現人們說你正在發光喔！

然後，你可以走上「鑽石揚升之路」。大天使加百列的白龍將會在你前方領路，清理你的全新高階靈性之路並為它增添能量。現在，如果你回到較低階的泥濘小路一段時間，祂們將會圍繞你，照亮你返回高階道路的途徑。如果某人用負面性潑灑你，祂們必會為你帶來清明、希望、覺照，讓負面性很快地遠離你。

在這個時候，大天使加百列會在你需要的時候親自用明光照亮你，因為你將在你的能量場中攜帶著祂的「宇宙級鑽石」（Cosmic Diamond），這將會保護你的氣場，用一種幸福和更高目的感填滿你。

你將會成為一盞明燈，散發著純淨的白光，為他人指路。人們將會感應到你的光，將會根據他們的信念或恐懼對你的光做出反應。有些人可能甚至看見或感應到大天使加百列閃爍的白龍在你身邊盤旋，保護和照亮著你。

對靈界來說，你將是清晰可見的。

練習 45

成為指路明燈

1. 呼喚大天使加百列的白龍來到你身邊，感應到、看見或想像祂們用一百萬個小小的白光在內在照亮你。
2. 感應到、看見或想像祂們將一顆巨大的宇宙級鑽石，置於你的氣場上方。
3. 在平凡度日時，知道你是指路明燈。

練習 46

使你做好走上鑽石揚升之路的準備

1. 找到一個你可以安靜下來、不被干擾的地方。
2. 如果有可能，點燃一根蠟燭，獻給在內在照亮你的鑽石白龍。
3. 閉上眼睛，放輕鬆。

4. 看見、感應到或想像閃耀的白龍，在你身邊盤旋。
5. 覺察到來自祂們的心的光束，如雷射般射入你。
6. 感覺較低階的能量從你的細胞沖刷出來，在你的雙腳邊形成一灘泥漿。
7. 原始的白色獨角獸收集好那灘泥漿，為了蛻變它而將它帶走。
8. 感應到你的細胞變得更清明、更純淨。
9. 現在大天使加百列的白龍們照亮你——你身體的每一個細胞與純淨閃耀的白光一起閃爍。
10. 瞬間，一顆宇宙級鑽石圈住你的氣場。
11. 美麗的「鑽石揚升之路」出現在你面前，當你沿著它向前走時，白龍們圍繞著你。
12. 你是指路明燈，讓他人看見道路。
13. 好好享受這種感覺，知道靈界正照看著你。
14. 感謝白色水晶龍，睜開眼睛。

第35章

大天使拉斐爾的祖母綠龍

祖母綠龍（emerald dragon）與拉斐爾這位療癒和豐盛的祖母綠大天使一起工作。大天使拉斐爾在七維和九維頻率之間操作，祂握有你完美健康的藍圖，只要你的靈魂允許，祂會設法將你的振動提升到疾病的振動之上，然後疾病必會消散。

祖母綠龍是五維的，握有你完美健康的靈性願景，但是祂們看見較低階的思維、情緒或信念，那些來自前世、祖先業力或是卡在你的能量場中導致疾病的靈魂阻塞物。如果你的靈魂允許，祂們便潛入，設法銷毀那些低階振動。

所以，龍和天使的工作方式不同，但是有著共同的目的。

豐盛意識

祖母綠龍和大天使拉斐爾，也以類似的方式一起工作，提升你的豐盈意識層級。如果你帶著愛和誠信活出你的人生，以五維的方式，祂們便幫助你的眉心輪進化。在這個非常敏感的脈輪中，有九十六片花瓣或九十六間密室。大天使拉斐爾的天使們，利用每一個機會提升密室內的頻率，為你提供這些密室內含的功課，同時祖母綠龍潛入其中，清除和蛻變卡住的能量。

當你的眉心輪是敞開、旋轉、散發的時候，天使們便幫你建造一道光，向上通到宇宙級眉心輪，也就是木星以及它的已揚升面向「珍貝」（Jumbay）。Jumbay的字面意思是浩瀚的、遼闊的、無所不包的、開悟的。在這裡，對宇宙級豐盛的真正理解被儲存起來。雖然木星的龍保護著儲存在這裡的智慧，但是祖母綠龍照顧它向下沿著光束注入你的眉心輪。祂用豐盛意識填滿你的眉心輪的密室，其中包含真正相信你應該得到，以及一份絕對的知識，知道你可以取用你需要的一切，那將以完美的方式提供給你。

因為這份信息是如此的神聖且令人嚮往，所以祖母綠龍保護你的眉心輪，讓任何人都無法從你那裡得到它。

開悟的脈輪

你的眉心輪是開悟的脈輪，那是可以從更高、更廣、更神性的視角看見一切的能力。許多人目前還沒有準備好要用開悟的眼睛看見，所以祖母綠龍也保護你的眉心輪，防止別人取用它。

靈視力的關鍵

這個威力強大的脈輪握有靈視力的關鍵，穿透幻相的帷幕清晰地看見。當握有這些密碼的密室敞開時，你可以在燦爛繽紛的色彩中看見其他維度正在發生的事。你可能會看見龍、獨角獸、天使、小仙子、發光大師的靈、許多美麗的事物。你也可以調頻進入不受歡迎的黑暗存在體。由於前世的創傷，這些特定的密室可能依舊關閉著。許多看得清明通透的人們，因為他們的力量而被處死，恐懼的殘餘使得這個脈輪的某些部分牢牢關閉。如果你想要打開這些門，不妨請求祖母綠龍來幫助你。

滌淨和擦亮眉心輪

有一次在臉書（Facebook）上視頻直播期間，我突然間得到深刻的印記，要為每一位觀眾做眉心輪滌淨和擦亮。我召請風水龍來清洗然後吹乾眉心輪的密室，然後，我請求大天使拉斐爾擦亮第三眼的水晶體。在工作進行期間，祖母綠龍保護了這個脈輪。

第二天，我收到了來自勃肯・托爾（Birkan Tore）的電子郵件，他是一位奇妙的天眼通。他寫道：「眉心輪的清理和擦亮，對我產生了驚人的效果。我的眉心輪非常疲倦、勞累過度，其實需要某些特殊的關注。風水龍與大天使拉斐爾的結合正是我需要的，這是我體驗過最實際且有效的療癒冥想之一。第二天醒來時，在我的第三眼之內有一份平靜感，而且我的靈視工作感覺毫不費力。」

練習 47

滌淨和擦亮眉心輪

1. 找到一個你可以安靜下來、不被干擾的地方。
2. 花點時間用你的眉心輪輕輕地呼吸，吸進，呼出。
3. 觀想你的眉心輪是一座有九十六間密室的螺旋形。
4. 祈請祖母綠龍，請求祂們進入你的眉心輪，將祖母綠光吹入每一間大門敞開的密室。
5. 如果門是關閉的，詢問門後面有什麼。你可能想要請求祖母綠龍打開那扇門，清除老舊東西或將寶藏帶出來，運用你的直覺判斷是否該要這麼做。
6. 請求大天使拉斐爾將你的眉心輪，鏈接到木星和「珍貝」，而且感應到連結它們的光束就位。
7. 祖母綠龍在光束附近盤旋，保護著現在進入你眉心輪的豐盛意識的密鑰和密碼。
8. 放輕鬆，吸收你準備好迎接的東西。
9. 感謝祖母綠龍和大天使拉斐爾。

第36章
大天使約菲爾的水晶黃龍

你的頂輪，你頭部上方的靈性中心，有一千片花瓣或一千間密室，常被稱作「千瓣蓮花」（**thousand-petal lotus**）。它是你的智慧脈輪，握有無條件的愛的基督之光。當這個脈輪錨定且敞開時，淡金色的花瓣開始展開。它們向外伸展，鏈接進入這個宇宙的不同宇宙能量，這包括行星、恆星、數字或光池。

大天使約菲爾是智慧天使，掌管人類和動物的頂輪開發。這是非常重要的。頂輪不僅鏈接進入宇宙的能量，而且，當它完全敞開時，頭頂上方三個超凡脈輪中蘊藏的光和智慧，開始向下流經身體的靈性能量系統。你進入更高的靈性理解層級，這是成為「宇宙級大師」（Cosmic Master）的一步。

宇宙的存有

大天使約菲爾的美麗水晶黃龍（**crystal yellow dragon**）的任務之一是，在頂輪附近盤旋，保持這個脈輪純淨而清明。每一片花瓣都與某個特定能量一起振動，當這調頻對準某種宇宙能量的振動時，它便開始打開。如有必要，水晶黃龍便滌淨每一片花瓣，解開它的糾結。祂們吹走任何牽絆它的老舊能量，尤其是「不夠好」這個非常普遍的信念。另一個來自前世經驗，且阻止許多光之工作者揭示他們的真實自我的信念是，害怕如果他們的光被看見，他們將會被監禁或處死。這樣的想法屬於過去，而水晶黃龍正在努力運作，使我們掙脫前世經驗引發的限制性信念。然後祂們強化並照亮那片花瓣，於是它可以在時機適當時向外伸展並連結。

隨著花瓣們開始生長，鏈接進入宇宙的能量，你成為「宇宙的存有」（**Being of the Universe**），因為你體認到，你是某樣東西的一部分，那東西比你在地球上的小小自我偉大許多。

水晶黃龍保護並強化這些通向宇宙的鏈接，幫助你整合內含靈性信息和知識的光。祂們與光輝純淨的獨角獸合作，將你連結到許多宇宙智慧和知識的源頭。

五維智慧密碼

水晶黃龍攜帶著宇宙的五維智慧密碼，當你準備就緒時，可以下載它們進入你。它們使你敞開來接受更高的學習，照亮你的頂輪，帶來你威嚴的光以及你的連結，這使你能夠走上「鑽石揚升之路」，可以成為他人的指路明燈。

當心胸開闊的巨大水晶黃龍，將整個頂輪照亮到五維頻率時，頂輪便發光，讓天界可以看見你。而當你與水晶黃龍連結時，就是你走上更高靈性之路的時候了。

水晶黃龍提醒你，你是「宇宙的存有」。最終是要成為「宇宙級大師」，踏上鑽石之路。水晶黃龍將會確保你與準備好迎接你攜帶的光的人們連結。當你遇見這些人的時候，你的光將會自動地照亮潛伏在他們內在的密鑰和密碼，那是大師級精通嫻熟的密鑰和密碼。

大天使約菲爾的水晶黃龍，尤其被那些準備好要讓他們的光被看見的人們所吸引。當祂們照亮且擴展了這些特定人士的頂輪時，他們的光將會自動地點燃潛伏在其他人頂輪內的宇宙智慧的密鑰和密碼，這將使地球能夠更快速地揚升。

對這項更高的服務來說，時間就是現在。

練習 48 幫你鏈接進入宇宙的智慧

1. 在某個繁星點點的夜晚站在戶外。
2. 想像你的頂輪被點燃，千片花瓣向上伸展，與星星們連結。
3. 感應到大天使約菲爾的水晶黃龍們，以你可以接受的速度，幫助千片花瓣鏈接進入宇宙的智慧。
4. 保持靜定且歸於中心，同時這個宇宙運作著它的魔法。

練習 49 打開你的頂輪的花瓣

1. 找到一個你可以安靜下來、不被干擾的地方。
2. 點燃一根蠟燭，獻給你的頂輪千片花瓣的開啟。
3. 聚焦在你的頂輪，感應到那裡的能量。
4. 召請大天使約菲爾的水晶黃龍們，感應到或看見祂們在你的頭頂附近盤旋，滌淨和照亮花瓣們。

5. 觀想你有千片花瓣的頂輪開始甦醒和展開。
6. 感應到其中一片花瓣向上伸展，同時一條水晶黃龍吹氣圈住它，以此解放並滌淨它。
7. 覺察到這條龍照亮著它，於是那片花瓣閃爍著基督之光。
8. 調頻進入這片花瓣，感應它正鏈接到什麼地方——也許是一顆星星或一顆特定的能量球？
9. 感應到那個鏈接正在被完成，而新的宇宙之光和智慧往回注入你的頂輪。
10. 看見水晶黃龍們保護著你的頂輪內的奇妙新能量。
11. 放輕鬆，允許能量整合。
12. 感謝水晶黃龍們，睜開眼睛。

第37章

大天使麥可的深藍龍

大天使麥可是實力和保護的偉大深藍色天使，掌管人類的喉輪。祂威力強大的龍與祂一起工作，為世界各地的人們帶來實力、保護、靈感。

用實力和勇氣激發你

這些藍龍可以用勇氣以及為你的信念挺身而出的實力激發你，祂們將會建立一道乙太防火牆，保護你免於可能來自不希望你靠自己的力量站穩的人們的抨擊。對於已經成為受害者或一直被踐踏的任何人來說，這確實是授權賦能的；對他們而言，大天使麥可提供靈感以及他們能夠真正成為什麼人的願景。大天使麥可的龍，可以燒掉使他們一直卡在某種無情模式的恐懼和負面性。

這位偉大的大天使可以賜給你祂的「真理之劍」，以此增強你的決心和鼓勵你，同時祂的深藍龍（deep blue dragon）可以清理你的道路，蛻變較低階的頻率。

大天使麥可可以為你提供祂的深藍色「保護披風」，確保你的氣場足夠強大，可以擊退他人的評斷和批判，或是更糟的情況。深藍龍可以燒掉那些評斷、批判，或攻擊思想的低階振動，讓它們搆不到你。祂們是偉大的保護者，彼此合作無間。

清理你周圍的區域

當你造訪某座購物中心或任何擁擠的地方時，你置身在混雜振動的大海之中。如果你是敏感的或大大敞開的，那裡每一個人的情緒和想法都會沖刷過你。如果別人的問題或恐懼侵入你的能量場，你可能會感覺到耗竭、筋疲力盡乃至絕望。

龍可以用天使無法辦到的方式，深入搜索深層稠密的物質。大天使麥可的深藍龍是大師級清除專家，祂們可以清除和蛻變與祂們一起工作的人們，周圍長達一公里（剛好超過半英里）的低階頻率。祂們提醒我們，當我們人類為自己的思想、言語、低階情緒負起責任時，地球將會是一個更輕盈、更明亮的地方。

根據定義，光之路是清明的。你可以請求這些龍保你安全，吹走和蛻變任何模糊你清晰視野的煙霧或任何阻礙你的泥土，然後你可以有自信地向前邁進。

保護你和你所愛的人

大天使麥可的深藍龍時常一起工作，就像一支保護軍隊，你可以隨時召喚祂們來保護你。只要想到祂們在你面前滑翔，來到你的工作場所，整天值班。想像祂們是你的住家附近的哨兵，你一興起這樣的念頭，祂們就會在那裡。

你可以請求祂們圈住和照顧你所愛的人或任何個人或群體，甚至是需要幫助的國家。

清理土地

當你邀請大天使麥可的深藍龍大軍，潛入你的住家或辦公室底下清除所有低階能量時，你可能會感覺到瞬間的輕盈，因為祂們是非常威力強大的。稠密的負面雲四處飄浮，你可以請求這些深藍色的戰龍，造訪你時常進出的購物中心、學校、大型建築物、或需要祂們的任何地方，然後銷毀那些雲，藉此為地球服務。

練習50

清理你周圍的空間

1. 找到一個你可以安靜下來、不被干擾的地方。
2. 點燃一根蠟燭，獻給與大天使麥可的深藍龍一起工作。
3. 祈請一支深藍龍大軍，感應到或看見祂們朝你席捲而來。
4. 當一排排深藍龍站在你面前時，感應到祂們的力量。
5. 請求祂們清掃你的住家底下，而且好好注意你事後有何感受。
6. 對你的工作場所、你時常進出的購物中心或超市、火車站、機場、學校、政府辦公室，或任何其他建築物做同樣的事。
7. 請求深藍龍清理你周圍一公里（剛好超過半英里）的空間，好好注意走在清明的能量中有何感覺。

8. 觀想你自己走在一條光之路上，攜帶著一盞為他人指路的明燈。

9. 感謝大天使麥可的深藍龍們，發現你自己回到你們開始的起點。

第38章 大天使費利耶的陽光黃龍

大天使費利耶（Archangel Fhelyai）的陽光黃龍（sunshine yellow dragon），是所有龍之中最溫和且最慈悲的。祂們將動物庇護在雙翼底下，支持和安慰牠們。祂們幫助動物們完成牠們的靈魂使命，因為，就跟我們一樣，每一隻動物都有一個化成肉身的目的。跟我們一樣，牠們來自這個宇宙和其他宇宙中形形色色的恆星系統和行星，應邀參與這趟在地球上學習、體驗、教導、服務的經歷。

元素精靈幫助動物嗎？

許多年前，我詢問我的指導靈庫彌卡（Kumeka），元素精靈是否幫助動物——舉個例子：如果一隻狗走丟了，小仙子或其他元素精靈會主動幫牠找到回家的路嗎？有人告訴我，這不會發生，因為元素精靈和動物並沒有真正連結。在二〇一二年，情況改變了，就跟許許多多的事情一樣。

大天使費利耶從另外一個宇宙過來，幫忙地球上的動物揚升。祂的到來也是回應牠們的求助呼聲。人類與我們應該要照顧的動物之間，居然發生異常程度的斷離，那是從來沒有被設想過的。

大天使費利耶帶來了成千上萬條陽光黃龍，祂們的焦點和意圖是要幫助動物王國。這有一部分是要幫助人類理解我們的同伴動物，因為當我們領悟到牠們真正是誰時，我們將會敬畏牠們且尊重牠們。我們揚升的功課，包括理解和敬重動物王國。當你真正熱愛動物時，陽光黃龍會將祂們的光吹進你的能量場。最終，陽光黃色將會成為你氣場裡的永久色彩，你將會散發出它的光芒。你也會感到快樂許多。

陽光黃龍如何幫助動物？

陽光黃龍正在非常努力地，設法從那些還不知道該如何尊重地對待所有生物的人們的意識中，抽出無用的信念。地球上還有許多人認為動物是無感覺的商品，而不是像我們一樣在肉體中生活、呼吸、有才智、有感覺的靈。牠們已被賦予了與我們不同的形狀和不同的生命目的，但是本質上，我們全都是神性的存有。

在這裡的多數人類，是透過左腦和智力體驗生命的。在這裡的多數動物，是透過右腦和內心體驗生命的。

就跟在這個自由意志層面裡的所有事物一樣，未經許可，龍不能干涉某人的業力。不過，我們可以從我們的內心和頭腦創造一座光之橋通到那個人，然後請求陽光黃龍將祂們的能量沿著光之橋傳送給對方。當有足夠多的人們請求大天使費利耶和祂的陽光黃龍，到屠宰場或工廠化農場的所有者或一群群偷獵團的身邊時，一定會有所改變。這位大天使可以用陽光黃光圈住那些不知不覺的人們，提升他們的意識，同時陽光黃龍可以大量注入內含密鑰和密碼的光，使他們了解動物的目的。與此同時，陽光黃龍可以燒掉允許人們以自己的方式，對待生物的低階信念。

有許多人類需要改變他們與動物的關係。

為動物們建造能量之門

有時候在工作坊舉辦期間，我請求每一個人貢獻能量，創建一扇光之門。有一次，我們大家為世界上的動物創建了一扇陽光黃門。我們的意圖是：希望它成為動物靈的避難所和慰藉之地，以及一個牠們可以比較容易經過的地方。

然後我們請求土龍為這扇能量之門扎根接地，將它固定在適當的位置，需要多久就固定多久，同時大天使費利耶的陽光黃龍則在能量之門附近盤旋，保護著它。

我們一完成，許多人舉起手，參與者一一描述了他們看見的景象。當我看見犀牛被牠們的守護天使帶進那扇門，而我們是在英國時，我感到相當震驚。其他人則分享，他們看見了大象、長頸鹿、斑馬和一大群非洲動物。這顯示，那些動物需要能量，而距離無關緊要。

接下來到達的是在路上被殺死的動物，牠們死於驚嚇，正在尋找光，牠們也沉浸在陽光黃的舒適之中。

一位天眼通隨後分享，她看見那扇門的形狀大約兩公尺（兩碼）寬。陽光黃龍一被召喚來保護它，那扇門的寬度翻了一倍，顏色變得更亮、更深。

我們一起為許多有需要的動物，創建了一處高頻避難所。不知道將來使用這處大廳的人，如果在那個角落看見或感應到一隻獅子，會不會大為驚訝。

你可以請求，需要改變對動物的態度的人們的靈，被他們的守護天使帶到這裡來吸收更高的理解。

如果有可能，在團體中建造一扇能量之門，因為比起單一聚焦，結合的能量更為強大，呈指數成長。此外，你可能偏愛結合你的光與你可能不認識的人們，在世界上某個特定的地方創建一扇能量之門——舉例來說，在蘇格蘭境內的聖島（Holy Island），它是大天使費利耶的靜修區。如果足夠多的人們增添能量，這將會產生重大的影響。

練習51

為動物們建造能量之門

1. 選定一個可以放置能量之門的安全地區。它可以在戶外，也可以在室內，但最好是安靜的地方，不會被太多人的能量影響。如果有疑問，不妨聚焦在蘇格蘭的聖島。

2. 你正在創建這扇通向更高頻率的門戶，選定建造它的目的。它是為動物們提供一條死後可以穿越的光之路嗎？還是動物們可以避難或療傷的地方呢？或者它是天使可以將需要了解動物王國的人類的靈帶來的地方？還是所有這些東西都結合在一起的地方呢？陳述它的目的。

3. 祈請大天使費利耶派遣祂的天使們，到這裡創造一柱陽光黃光。舉起你的雙手，指向那扇能量之門，讓陽光黃光傾瀉穿透，建造那扇能量之門。

4. 如果你願意，請求土龍替那扇能量之門扎根接地，錨定那扇門，並為它設定時限。

5. 請求陽光黃龍繞著那道光束盤旋，幫忙建造和保護那扇門。

6. 你可能想要等候一會兒，感應一下是什麼動物或人們來到那裡使用那扇門。

7. 觀想那些動物進入那扇門，正在被希望照亮。

8. 看見那些人們的頭腦和內心閃耀著光輝的黃色，因為他們擴展了視角，看見動物的真實本性。

9. 放輕鬆，知道你的心正在敞開，你正在累積善業。

第39章 大天使麥達昶的金色橙龍

金色橙龍（golden orange dragon）在大天使麥達昶的團隊工作，為的是加速你個人和地球以及整個宇宙的揚升。在二〇一二年十二月二十一日上午十一時十一分的「宇宙時刻」，「本源」之光觸動了每一個宇宙裡每一位有情眾生的心。「本源」之光是觸發器。在那個瞬間，到處掀起邁向揚升至更高頻率的運動。每一個宇宙都踏上進入新維度的二十年旅程。在所有的恆星和行星中，唯有地球一直落後，必須向上揚升兩個維度。在二〇三二年截止日期之前，有七十億靈魂湧入地球，為的是清理積壓的業力，事實證明，這對我們來說有些充滿挑戰。與此同時，我們不屈不撓地堅持運用我們的自由意志的恩賜。

在地球上，這相當於，一個學年結束時，一個班級除外，所有班級都要向上晉升一級。那個班級已經落後非常遠，必須要追上額外一整年級。幾乎所有學生都沒有學好功課，需要額外教導。因此，一個密集的過程正在進行，為的是看見每一位學生都為這次轉換做好準備。

大天使麥達昶負責這個進程，我們愈是召喚祂的金色橙龍，就會有愈多的金色橙龍來到地球支持我們。

幫助我們的揚升旅程

幫助我們穿越維度層級的是龍。幾百萬條龍，各種顏色、大小、形狀，來自不同的行星和恆星，甚至來自不同的維度，現在正大批湧入，協助當前這一次跨維度的轉換。

為大天使麥達昶工作的金色橙龍，攜帶著地球的五維揚升藍圖。祂們知道每一個個人到二〇三二年的建議飛行路線。祂們為你提供保護、鼓勵、靈感，而且增強你的意志力。祂們了解你的天賦、才能、潛力。如果你需要更多的教導，祂們可以引導你找到可以幫助你的特殊導師。你只是必須請求。

祂們一看見你準備就緒，就為你照亮道路，然後這些龍將榮耀的揚升之光吹入你體內，這吸引發光大師、高階指導靈、天使、獨角獸來到你身邊。祂們共同努力，加速你的靈性旅程。當金橙色火焰出現在你的能量場中的時候，祂們知道你也準備好了，願意幫助他人踏上揚升之路。你是「大師」。

反問自己，你需要什麼，才能加速你的揚升。你需要培養品質嗎？更常靜心冥想嗎？還是全心投入你的道路呢？還是對自己有信心呢？還是只要享受人生且玩得更開心呢？不妨請求金色橙龍點亮你內在的那些品質，幫助你擁抱你的宏大莊嚴。

釋放無益的信念

金色橙龍幫你消融掉阻礙你前進的信念，幾乎每一個人都有這些信念。某些光之工作者，負責從集體無意識帶出古時候阻礙人類前進的信念。他們這麼做是為了幫助世界釋放這些服務行為。清除大大影響他們個人生活的信念，成為他們的莫大挑戰。其他光之工作者正在承擔祖先的信念，打算消融掉這些，解放他們的整個家族世系和未來世代。大天使麥達昶的金色橙龍，可以真正幫助你清除這些。

所以，花時間仔細思考，什麼信念阻止你成為「揚升大師」。凡是不與愛、合一、你個人神性的宏大莊嚴契合的東西，都需要被拉出來，清除掉。有些是很粗的羈絆，鏈接到前世，乃至過去的集體業力。其他則比較纖細或脆弱，但是它們全都對你的揚升旅程有影響。然後，請求大天使麥達昶的金色橙龍將氣息吹進它們，幫助你消融掉它們。

行星的揚升

大天使麥達昶的龍是和平戰士，祂們是在這個宇宙巡邏的靈性之光，確保一切正常。祂們以身作則教導人類，示現靈性、和平、愛、智慧。與此同時，祂們可以在需要的時候噴火和咆哮。

麥達昶披風

當你的十二個五維脈輪清醒時，大天使麥達昶便賜予你祂的金橙色披風。這件披風的能量幫助脈輪保持敞開，而金色橙龍則協助不讓低階存在體接近，祂們如實地趕走或燒掉任何試圖暗中損害你的負面性。麥達昶披風賦予你的最重要恩賜之一是，渴望且有能力伸出雙手，幫助他人踏上揚升之路。

當你的能量場中穿上金橙色披風時，你可以進入「中空地球」，這是地球中心的七維脈輪。你在靜心或睡眠時這麼做，而這些光輝燦爛的龍，將會帶領你來到中空地球中間的「大金字塔」。地球的所有知識和智慧蘊藏在這裡，所以當你安靜且歸於中心時，就可以沉浸其中。在大金字塔的中心，你可以校正對準鏈接到四個揚升星座和行星（昴宿星團、獵戶座、天狼星、海王星）的能量之門，從這些天體引入光。

大天使麥達昶的龍，將會在這趟大大加速你的揚升的旅程上保護你。

練習 52

釋放老舊信念，澈底讓你的揚升之路得自由

1. 如果你是發光的揚升大師，寫下你會是怎麼樣的揚升大師。
2. 列出任何使你無法成為揚升大師的信念。
3. 想像每一個這些信念都非常大，然後看見它逐漸縮小。
4. 畫一顆顆金橙色泡泡圈住每一個信念，請求麥達昶的龍幫你消融掉它們。
5. 寫下有助於你的揚升之路的正向信念。

練習 53

與大天使麥達昶會面以及造訪中空地球

1. 找到一個你可以安靜下來、不被干擾的地方，想像一條光彩奪目的金色橙龍正站在你前面。
2. 你騎上祂的背，穿越各個維度，來到大天使麥達昶在路克索（Luxor，譯註：古稱底比斯，埃及古都）上方廣闊的乙太靜修區。
3. 在這裡，發著光的大天使麥達昶，將祂的金橙色披風披在你的能量場上。如果你已經得到了金橙色披風，祂便重新啟動它。
4. 接收到祂的賜福。
5. 你的龍與你一起飛到通向中空地球的能量之門，當你們一起下落穿越能量之門時，你變成一簇巨大的金橙色火焰。
6. 你看見中空地球的大金字塔，於是騎著你的龍進入大金字塔。
7. 沉默而靜定地坐著，在大金字塔的中心，你校正對準海王星、昴宿星團、獵戶座、天狼星，你敞開接收從每一個地方向下湧入你體內的光碼。
8. 在這裡休息，知道且信任你的揚升之光正在擴展。

9. 那條龍帶你輕輕地離開金字塔，向上再次通過能量之門。
10. 祂帶你來到一面巨大的宇宙鏡子前，邀請你看見你的神性的宏大莊嚴。
11. 然後祂帶你返回到你們開始的地方，感謝祂，知道你們一定會再次見面。

第五部

銀河龍

引言

銀河龍來自這個宇宙中的恆星或行星，攜帶著非常高階的頻率和難以置信的智慧。亞特蘭提斯黃金時期的古人，過去時常連結到恆星，帶回恆星的智慧，這幫助帶領這個文明進入它所達到的非凡揚升。自二〇一五年以來，這些令人難以置信的高頻靈性存有，已經能夠與人類連結，於是祂們再一次與我們分享祂們的光。

除了你的物質身體，你還有許許多多。你的靈魂存在許多層面和維度中，你自己可能有許多面向是你沒有覺察到的。如果你正在閱讀本文，你很可能在內在層面是「銀河系際大師」（Intergalactic Master），或嚮往成為「銀河系際大師」。在那種情況下，你將會與這些銀河龍建立密切友好的關係，願意接受祂們下載的知識和智慧。即使你沒有銀河方面的志向，這些龍也可以使你大大敞開，接受新的理解和更高的光。此外，來自不同恆星或銀河的龍，可以用能量和密碼觸碰特定的脈輪，使脈輪發展到某個遠非我們所能想像、高階許多的層級。

第40章 來自仙女座的暗粉龍

這些美麗的龍散發出柔和、明亮的粉紅色光。祂們攜帶著超然的愛的頻率。當這些龍觸碰你的時候，祂們使你能夠看見他人的優點，能夠瞬間與對方靈魂的真實之光連結。當你看見真誠的愛和光就是某人的本質時，某樣純淨的東西便在你們之間閃現。在最深邃的層次，一顆接納和理解的種子被種下了。可能需要時間讓那顆種子發育和生長。然而，這些來自仙女座（Andromeda）的閃耀巨龍，目前正在地球上承擔一項艱鉅的任務，要治癒陳舊的分別心，帶來純淨的愛，祂們正在療癒個人、家族、社區、國家，你可以幫忙祂們。

不同的愛的頻率

來自仙女座的暗粉龍（dusky pink dragon），將純愛的火焰插入你十二個脈輪中的每一個脈輪，用動人、柔粉紅色的光芒照亮你的氣場。這使你的所有脈輪準備好，接收更高的愛，然後你可以用超然的愛的火焰觸動他人。這種粉紅色火焰攜帶著許多愛與光的頻率，因為有許多種粉紅色調，每一種都帶著某種特殊的能量。所以，你可以用確切適合的愛的頻率，點燃和轉化許多不同的靈魂。他們甚至可能沒有覺察到，但是一定會感覺比較好。他們的心可能會覺得比較柔軟，他們的恐懼減少了，他們的觀點轉化了。改變可能是不著痕跡的，但是當你與這些神奇的龍一起工作時，你一定會散播它。

仙女座中的所有星星，都具體化現超出我們目前理解的美麗的愛和接納。祂們散發這種能量，而龍是祂們的特使，將這種能量帶出來，進入宇宙。祂們自然而然地與仙女座的天使們、大天使夏彌爾、大天使馬利爾，以及像觀音這樣的發光御龍大師合作，散播祂們的愛的各種頻率。

淡淡的白粉色散發出純淨撫慰的能量。櫻花粉打開心扉，而且櫻花樹在春天開花，為那些看見它的人們準備純真或浪漫的愛。藍粉色帶有藝術的振動，而深粉色帶來創造力。

每一種色調都巧妙地與眾不同，且以獨一無二的方式影響我們。仙女座的龍，可以啟動所有粉紅色調而且確切地知道它們正在做什麼。

蟋蟀形狀的存有

來自仙女座的存有，擁有蟋蟀的形狀。我正在與最親切、溫和、非常具有創造力的男同性戀者交談，他剛剛發現他來自仙女座。他很驚訝，發現自己居然在一隻蟋蟀的乙太體之中。但是所有的存有以及所有的動物，都是「靈」在不同形狀的身體內，宇宙裡有各式各樣的生物。因此，暗粉龍與來自祂們星座的蟋蟀和蚱蜢一起工作也就不足為奇了。

蟋蟀摩擦雙腿所發出的歌聲是卓越非凡的，當放慢速度時，它聽起來就像天界大教堂的唱詩班，而且那音樂帶有更高的愛的密碼。

讓你沐浴在愛之中

來自這個星座的所有存有的使命是，讓所有準備好要接收超然的愛的人們，沐浴在超然的愛的振動之中。

暗粉龍正耐心地等待著準備好迎接祂們的光的人們呼喚祂們，你可以請求祂們用暗粉紅色的光，沐浴你的各個脈輪內的密室，那光攜帶著所有的愛的頻率。

關於脈輪的更多信息

地球之星脈輪包含三十三間密室，每間密室都握有關於尊重地球的功課。

海底輪有兩間密室，每間密室都致力於以腳踏實地、有靈性紀律的方式生活，而且使你的生命達致男女平衡。

在三維的脈輪柱中，本我輪和臍輪結合在一起，不過臍輪的花瓣是閉合的。當你的十二個脈輪下降時，本我輪和臍輪分開。兩者各有十六間密室。在半透明的粉紅色本我輪中的密室，握有性慾與情緒平衡的鑰匙，而明亮的橙色臍輪則保有藝術和創意表達的密碼。這些包含顯化的祕密。第三十三間是一間巨型密室，包含所有三十二間密室。

太陽神經叢包含三十三間密室。當你進入太陽神經叢且從每一間密室學習時，你踏上通向智慧的旅程，最終成為「銀河系際大師」。

心輪的三十三間密室，使你能夠從以自我為中心一路發展到合而為一。

喉輪非常敏感，它的二十二間密室，帶你踏上一條從人類的不誠實到信任上帝的學習曲線。

眉心輪內有九十六間密室，因為這是一處巨大的學習場所，你從無知轉化到無所不知。

頂輪的一千片蓮花花瓣，其實是通向上帝的一千個振動頻率的門戶或通道。

因果輪是單一的和平密室，允許你進入較高心智（higher mind）的寂靜和靜定。獨角獸們在這裡工作，幫助它變得安靜，這樣因果輪才可以完全打開，讓來自你的靈魂之星的光能夠向下進入你的心智體（mental body）。

靈魂之星脈輪包含一個較低部分，有三十三間密室，然後是一個讓你的靈魂之光燃燒起來的較高部分。

第十二個脈輪「星系門戶」是純淨的金色，握有你的「單子」的能量，也就是你真實的神性本質。

用愛填滿你的脈輪

開始之前，你需要在一張紙上畫一具身體。如果你願意，它可以是簡略的大頭人物，但是要盡可能畫大。如果你真的想要將大量能量投入這件事，你可以拿一捲紙，例如剩餘的壁紙，而且躺在壁紙上，然後請你的伴侶或朋友繞著你的身體畫，讓你擁有一個自己的輪廓。

接下來，找到一朵粉紅色的花，例如玫瑰。如果有可能，撿起十二片掉落的花瓣。如果你做不到，詢問這朵花，你可不可以摘下它且使用它的花瓣，要帶著敬意做這件事。

如果你找不到花，那就改而發揮創意。使用一張張粉紅色的材料或薄紙。畫出粉紅色的花，把花剪下來，或製作成對你有意義的其他東西，以此代表十二個脈輪。

現在開始這個練習。

1. 找到一個安靜的地方，如果有可能，點燃一根蠟燭。
2. 從地球之星脈輪開始，將一片粉紅色的花瓣或你創造的任何東西，放在那張紙上的適當位置。如果有必要，花瓣重疊也行。然後向上移動，穿越十二個脈輪，一個接一個，將花瓣或你創造的不管什麼東西放在脈輪上。

3. 在心裡默唸或大聲召請仙女座的暗粉龍。
4. 依次聚焦在每一個脈輪，請求暗粉龍進入你正聚焦關注的脈輪，用超然的愛填滿脈輪。
5. 想想每一個脈輪以及脈輪內需要被照亮的東西。
6. 當你到達「星系門戶」並完成療癒它的工作之後，在身體周圍畫一圈粉紅色的火焰。
7. 感謝仙女座的暗粉龍，知道你內在的某樣東西已經點燃。

練習 55

啟動與平衡你的脈輪

1. 找到一個你可以安靜下來、不被干擾的地方。
2. 如果有可能，用粉紅色的水晶、鮮花、蠟燭或任何你需要用來提升能量的東西，籌備你的空間。

3. 閉上眼睛，放輕鬆。如果你的任何部分需要放下，請將氣息吸入那個部分，讓暗粉龍可以觸及你的脈輪。
4. 在心裡默唸或大聲召請仙女座的暗粉龍。
5. 保持沉默而靜定。感應到暗粉龍蒞臨且繞著你盤旋，對你發出粉紅色的愛。
6. 現在聚焦在你的地球之星脈輪。觀想三十三間密室的門正在開啟，讓暗粉龍將粉紅色的愛吹進每一間密室。請求用愛將你仍然需要學習關於尊重地球的任何功課，帶進你的人生。
7. 將你的覺知轉移到海底輪，想像暗粉龍將粉紅色的愛大量注入兩間密室，使你的男性和女性能量達致平衡。
8. 想像本我輪以及在你的心靈之眼中，看見暗粉龍將粉紅色的愛大量注入十六間密室，協調你的性慾和情緒的平衡。
9. 聚焦在臍輪，觀想暗粉龍將粉紅色的愛大量注入臍輪的十六間密室，照亮藝術和創意表達的密碼。

10. 想像巨大的第三十三間密室（內含結合本我輪和臍輪的所有三十二間密室），散發著粉紅色的喜悅。

11. 覺察到太陽神經叢，看見暗粉龍用愛填滿三十三間密室，讓你帶著愛踏上通向智慧的旅程，成為「銀河系際大師」。

12. 聚焦在心輪，觀想暗粉龍用愛填滿三十三間密室的每一間，於是你消融掉分別心，活在「一」之中。

13. 將你的覺知轉移到喉輪的二十二間密室，暗粉龍用愛填滿它們，加速你信任上帝的旅程。

14. 在眉心輪，暗粉龍暫停，同時通向九十六間密室的門被允許打開，然後暗粉龍們輕輕地將粉紅色的光吹進密室，用愛填滿你通向無所不知的旅程。

15. 放鬆你的頂輪，想像頂輪的一千扇通道敞開，通向上帝的一千個振動頻率。讓暗粉龍將愛傾瀉注入每一間密室，使你能夠與愛連結。

16. 保持非常靜定，讓暗粉龍用愛填滿你的因果輪的和平密室。

17. 觸及靈魂之星脈輪的較低部分，讓暗粉龍用愛填滿三十三間密室，然後向上移動到較高部分，看見正與你的靈魂之光一起熊熊燃燒的明亮粉紅色。

18. 來自仙女座的暗粉龍，正高高矗立在你的脈輪柱上方，且正在將白粉色的愛大量注入你的「星系門戶」脈輪的聖杯之中。
19. 你的能量場變成了一簇粉紅色火焰。
20. 感謝來自仙女座的暗粉龍，融入祂們高舉在你上方的「宇宙級粉紅火焰」（Cosmic Pink Flame）。

在黛安娜．庫珀與凱西．克羅斯威爾（Kathy Crosswell）合著的《透過靈球體揚升》（*Ascension Through Orbs*）之中，有更多關於脈輪密室以及通過每一個脈輪的旅程需要什麼的信息。

第41章

來自海王星的海藍寶龍

海王星（Neptune）擁有令人難以置信的高階頻率，因為這裡保存著這個宇宙進階靈性的密鑰和密碼。

列穆尼亞的智慧

列穆尼亞和亞特蘭提斯的金色天使們的智慧也儲存在這裡，這是由海王星的海藍寶龍（aquamarine dragon）保護的。這些美麗的龍也將這份智慧，散播給準備好要接收它的人們。

列穆尼亞是亞特蘭提斯之前的黃金時代，它是眾生沒有完全物質身體的時期。他們是乙太的，所以個體之間沒有分界線。他們反而是一股集體能量，由集體意識引導。若要描述他們如何操作，最容易的方法是談論像燕子一樣的候鳥，牠們仍舊攜帶著列穆尼亞的智慧。燕子是某群體意識的一部分，這個群體意識是：如果一個移動，他們全體移動。他們共同擁有單一的願景和意圖。他們形成一個小組，輪流帶路。沒有領導者，沒有小我，沒有競爭，沒有誰比誰好。一個在前方，當時機成熟時，另一個向前移動，無縫接軌，這節省能量且創造一體性。他們的願景被編碼在他們的內在，所以他們全都瞄準願景，方式就跟我們的藍圖確保我們走路和說話一樣。

因為他們全都是同一個，所以善於通靈，憑直覺知道其他人當時的感受。他們也可以調頻進入我們的星球，知道在遙遠的未來會發生什麼事。

因為沒有分別心，所以沒有占有。一切都是共享的，他們在源源不斷的豐盛流動之中付出和接受。沒有索取，因為付出是自發的、瞬間的。他們只看見愛和完全的信任，因為只有「一」。

列穆尼亞智慧的另一個面向是，他們擁有對地球、人類和大自然難以置信的愛。他們調頻進入樹木、山脈、動物的心，以及我們在這個宇宙層面裡擁有的所有豐饒喜樂，而且有能力與它們相處得完全和諧融洽。每當他們聚焦在任何事物時，他們用純淨的愛照亮它，就好像燕子在遷徙時照亮牠們飛越的雷伊線一樣，他們按照神聖女性原則生活。

雖然他們賦予靈魂「一」的智慧，但是列穆尼亞人非常渴望生活在人類的身體之中，像我們人類一樣體驗這個物質層面。正是這份渴望導致了亞特蘭提斯的實驗，在亞特蘭提斯時期，眾生是擁有物質身體的。

亞特蘭提斯的智慧

亞特蘭提斯黃金時期的智慧略有不同，因為當時的人們有身體，他們知道身體是他們的靈的外鞘。他們不僅要維持自己的肉身，還必須掌控影響他們的物質身體狀態的情緒和思想。而且，為了體驗某次化身，他們必須培養保持男性和女性面向平衡的能力。他們按照靈性法則行事，所以他們不造業。除了遵循「一的法則」（Laws of Oneness）之外，他們還學會了控制自己的心智，讓心智可以為全體的至善顯化事物。他們連結到來自其他恆星系統的存有以及天使、獨角獸、龍，而且聆聽祂們的建議。利用這份智慧，使他們能夠實現帶來黃金時期的意識大躍進。

散播宇宙的智慧

海王星是一顆水汪汪的行星，來自這裡的龍是水龍，不妨請求祂們帶你沐浴在海藍寶的宇宙海洋中。讓祂們用列穆尼亞時期純淨的神聖女性智慧觸動你，幫你達致平衡。也請求祂們喚醒你內在於金色亞特蘭提斯時期採行的較高靈性法則，好讓你可以開始帶回他們強大的理解力和驚人的靈性技術。

當你準備好要呼喚祂們時，來自海王星的海藍寶龍就會在你身邊飄浮，將祂們的光下載到你的能量場之中，這將會啟動你靈魂中最深邃的靈性信息和知識的密鑰和密碼。其中一些這樣的信息受到保護，被鎖了起來，因為在最近之前，誰都不准公開如果任意或不了解後果地使用可能會造成傷害的東西。這些龍確保你擁有那份智慧，可以只是基於至善而使用這樣的光和力量。所以，如果你還沒有準備好，什麼都不會透露給你。

不管怎樣，因為大眾的意識現在比較高，所以允許知識出現通常被認為是安全的，你的靈性任務是謙虛、正直地將它傳遞給其他人。

透過脈輪喚醒你的心靈能力

來自海王星的海藍寶龍，可以喚醒你的心靈能力，那是潛伏在我們所有人內在的能力。祂們創造出海藍寶能量的漩渦，將之徐徐注入脈輪。祂們使脈輪能夠比較容易地打開，提升它們從事心靈工作的頻率，以下是祂們如何影響脈輪。

本我輪

前幾代常說：「我可以在我的水域裡感覺到它」，意思是，他們的本我輪正在調頻進入某樣東西。當你的本我輪敏感且善於微調時，你就是有靈感力的。往往你的膀胱緊張起來，告訴你需要小心。要注意它，請求海藍寶龍使那個脈輪平靜下來，幫助你處理你正在被警告的情境或個人。當你有靈感力的時候，你感覺到他人的感受，所以你理解他們。你沾染上他們的情緒，有時候你承擔他們的痛苦，很容易就變成這樣。這在靈性上是沒有幫助的，因為你接下來必須透過自己的身體蛻變那份痛苦。當這個脈輪活躍時，它伸出觸角，觸及另一個人的情緒。不妨請求海藍寶龍幫忙你正確地運用這份天賦，評估對方的需求，讓你可以將撫慰人心的能量大量注入對方的脈輪，提升脈輪的頻率。

太陽神經叢脈輪

這個脈輪十分敏感，它的設計是要伸出能量的手指，發現周遭正在發生的事，藉此保障我們安全。舉例來說，假設在高速公路上，一輛汽車在你附近高速行進。這個脈輪警告你要放慢速度，或是你的孩子出門在外遲歸。這個脈輪建議你，請他們的守護天使額外提高警戒。或是你遇見某位你覺得非常有吸引力的人，所以對你目前的關係來說，那可能是危險的。當這個脈輪尖叫「小心！」時，你開始「反胃」，當你召請來自海王星的海藍寶龍時，祂們將能量徐徐注入這個脈輪，提升它的頻率。然後你從你的靈魂最深處的智慧行動，信任天使們正照顧著你和你所愛的人。當危險臨近時，你只是將你的頻率層級提升到高於情境的層級，於是你的脈輪派遣一根金色手指來到你的孩子身邊，確保他們安全。或是這個脈輪以深金色的光圈住你，你被緊緊包裹在安全之中。

心輪

當這個脈輪對某人感覺到同理、慈悲、純淨的愛時，光的手指們從心輪散發出來，擁抱那個人。你感覺到對方的心痛。遇見頻率較低時，你可能會關閉心輪，讓你可以忽略旁人的痛苦。或是你可能覺得不得不以一種干擾他們業力的方式幫助他們。不妨請求海藍寶龍將祂們的特殊振動，大量注入你的心，讓你完全理解另外一個人，但是可以與對方的情緒保持距離，這正是天使做的事。這提升你和對方心輪的頻率，讓他們可以從開悟的視角看見自己的痛苦，開始親自釋放自己的痛苦。

喉輪

喉輪十分敏感，它代表誠實、真理、誠信、更高的連結。來自這個脈輪的光之手指，檢查某人是否正在說實話，或是另外一個人的振動是否與你的振動起共鳴。它確定說出你的真理對你來說是否安全，而我們大多數人在孩提時代就認識到，說出自己的真理是不安全的，所以我們關閉了自己的光。它也是靈聽力的脈輪，在這裡，你聽見你的高我、你的天使或另一位發光存有的聲音，通常宛如一個金黃璀燦的念頭。當海藍寶龍將光大量注入這個脈輪時，祂們將它提升到宇宙意識的頻率。這意謂著，你吸引接受你的真理的人們來到你身邊。這個脈輪向外觸及「金色光束的天使們」（Angels of the Golden Ray），在不同色彩振動上的許多光束從「本源」流出。「金色光束」攜帶著最深層的智慧、更高的愛和宇宙的真理，這些天使們使你大大敞開，接受更高的存在方式。

眉心輪

位於前額中央的這個脈輪，既是浩瀚的心靈探照燈，又是靈視力的水晶球。請求海藍寶龍發送祂們的能量漩渦進入這個脈輪，提升眉心輪的頻率，也使你敞開來接受更大的覺知和開悟，以及清晰的看見。

頂輪

這是靈認知力或知曉的脈輪，在頭頂，當你準備就緒時，頂輪就完全打開。你可以請求來自海王星的海藍寶龍運用祂們美麗的能量，來確保花瓣從這個脈輪伸出，觸及宇宙知識的站點，因此有清晰的連結。

你的水晶光體

來自海王星的海藍寶龍能夠將液態光注入你體內，這加速你的水晶光體的建構，讓你能夠攜帶更多的高頻光，為新的黃金時代做好準備。

當海藍寶龍在你身邊溫和地流動時，祂們照亮更多你的真實本質的密鑰和密碼。祂們使你能夠接受更多你自己的神性之美，為你帶來靈魂的滿足。祂們幫你打開你的心靈脈輪，於是你將會體驗到更高的開悟層次，透過天使的眼睛看見你的世界和這個宇宙。

練習 56

照亮你的心靈連結

1. 裝滿一杯水並祝福這杯水。
2. 請求來自海王星的海藍寶龍，用祂們的能量填滿這杯水。
3. 暫停一下，知道這事正在被完成。
4. 現在喝下那杯水，請求海藍寶龍照亮你的心靈連結。

練習 57

協調你的心靈能力

1. 找到一個你可以安靜下來、不被干擾的地方。
2. 在房間裡放一碗或一杯水，或一瓶鮮花。
3. 閉上眼睛，放輕鬆。
4. 感應到、想像或看見整個房間盈滿海藍寶光。
5. 一條美麗、溫和的海藍寶龍繞著你飄浮盤旋，輕輕地提升你的頻率。
6. 祂靠近你，發送一漩渦的海藍寶光旋轉進入你的本我輪，將你的靈認知力調頻對準某個更高的頻率。

7. 祂發送一漩渦的海藍寶光旋轉進入你的太陽神經叢脈輪，讓你的心靈智慧可以增長。

8. 祂發送一漩渦的海藍寶光旋轉進入你的心輪，使你調頻對準與他人合而為一。

9. 祂發送一漩渦的海藍寶光旋轉進入你的喉輪，將你的靈聽力調頻對準某個更高的頻率。

10. 祂發送一漩渦的海藍寶光旋轉進入你的眉心輪，將你的靈視力調頻對準某個更高的頻率。

11. 祂用海藍寶光填滿你的頂輪上方的區域，讓你的頂輪花瓣基於純淨的靈認知力，在宇宙中做出明確的鏈接。

12. 放輕鬆，漂浮在宇宙的海藍寶海洋中，再次觸及你最深層的靈魂智慧。

13. 感謝海藍寶龍，返回你們開始的起點。

第42章

來自天王星的青銅黃龍

來自天王星（Uranus）的青銅黃龍（bronze and yellow dragon）有一項艱鉅的任務，而且才剛剛開始在地球上與我們一起工作。

祂們的使命之一是促進突然間的改變，並幫助這個宇宙中的人們或行星承擔其後果。就宇宙的時間安排而言，地球上這二十年的轉化期被認為是突然的。在世紀構成的海洋中，我們正在經歷的巨大轉變不過是滄海之一粟。

一切已經加速得非常快，因此當一群來自天王星的青銅黃龍，看見若干人們因為新的能量亮起來時，祂們便從這些人的上空飛過。舉例來說，如果這些人們已經被「粉紅火焰」喚醒，青銅黃龍便趁機將「粉紅火焰」散播給其他人，希望其他人也亮起來。

青銅黃龍也為那些為了揚升而承擔風險的人們提供支持。舉個例子，那些試圖基於至善而帶來改變的領導者。這往往是個寂寞、孤立的職位，而這些龍與他們同在，給予支持。另一個例子是那些勇敢的靈魂，例如從前敢於療癒人們的睿智女性，她們遭到誤解，因為捍衛自己的真理而失去生命。

幫助光之工作者

在當今時代，對更高階的靈性理解正在散播，包括天使界、合一、社群、動物溝通、各種自然療癒法、外星生命、女性平等、男性女性平衡、接納許多類型的性慾表達、各式各樣的其他事物。它是一股擋不住的力道，然而還有許多來自舊秩序和集體意識的抵制。

挑戰那些規範並帶來社會轉化的那些人，往往被嘲笑和誹謗。來自天王星的青銅黃龍在煽動全新和不同事物的同時，正在幫助光之工作者堅定他們的信念。大天使約菲爾和祂的天使們與光工們一起工作，使他們變強大，激勵他們，現在青銅黃龍正在協助天使們。

敢於與眾不同

當我在寫《五次元的靈性動物》（*Archangel Guide to the Animal World*）的時候，我被發現的鬣狗（**hyena**）相關信息深深觸動，鬣狗起源於天王星，在許多方面都很不尋常，從牠們的體型到牠們的習性。牠們傳達給我們的訊息是：「敢於與眾不同」。無論你的職位多麼卑微，或是你的人生使命多麼平凡，都要按照你的方式完成它。要忠於你自己，說出你的真理，人們一定會聽見你的聲音並尊重你。

來自天王星的存有，或是曾經造訪過天王星或在那裡有過靈魂體驗的人們，化身在這裡是為了帶來改變。現在許多這樣的人正來到地球，但是再一次，動物王國已經預示著這條路的來臨。

青銅黃龍如何幫助你？

所有龍都是怡然自在，認同祂們的本性，但是這些睿智的老龍能夠幫助你接納自己。

如果你因為自己的信念而感到與眾不同，祂們便運用你得到支持的深入知曉觸動你的能量場。祂們一次可能只影響你千分之一秒，但是最終，這發展成為根深柢固的確信或知曉，在你之內。

這份知曉很重要，這些龍與淡金黃色的明亮頂輪一起運作。這是你頭頂的千瓣蓮花。每一片花瓣或每一間密室都是一扇門戶，鏈接到上帝的一千個振動之一。

當有深厚靈性的人們唱出上帝的一千個名字時，那是深邃的體驗。它使頂輪敞開來，鏈接到宇宙的頂輪，也就是天王星以及天王星的已揚升面向「庫洛內」（Curonay，意為王子、貴族等戴的「小冠冕」）。頂輪是靈知（gnosis）、靈認知力、無所不知的活動中心。青銅黃龍是幫助我們抵達這個高層空間的工具。

祂們與大天使約菲爾合作，幫助我們保持從我們的頂輪到天王星，和「庫洛內」的鏈接暢通無阻。「庫洛內」擁有神性轉化的振動，帶來更高的開悟。

不同的黃色振動

青銅黃龍在祂們的能量場中，攜帶著許多黃色的振動，從最深的青銅金色到明亮的陽光黃色，再到高頻、明亮、透明的淡黃色。

明亮、透明的淡黃色，與你的使命的開悟面向和諧共鳴，於是你從更高的視角看見一切。你不再將你的差異視為負擔，而是視為你的靈魂的一種服務，可以帶來改變或分享你的真理。

陽光黃色試圖運用你自己內在的幸福感或滿足感觸發你。

這些龍的青銅金色（我總是在祂們的翅膀上看見這個顏色）擁抱你，使你有勇氣堅定你的信念，它使你能夠堅持自己的真理且靠你的力量站穩。

召請成千上萬的青銅黃龍席捲地球上空，散播可以加速改變的新黃金時代的頻率，那可是一件美妙的服務工作。

練習 58

帶來自我接納

這個練習非常簡單，但是它磁性地將青銅黃龍吸引到你身邊。

1. 瀏覽一下你的衣櫥，盡可能地收集許多不同色調的黃、金、青銅色衣服。如果你沒有這些顏色的衣服，你可能必須尋找各種色調的黃色薄紙，將這些紙製作成代用披風或服裝。

2. 有意圖地穿上你的黃色衣服，聚焦在來自天王星的青銅黃龍。
3. 請求祂們帶給你自我接納、和諧、與眾不同的勇氣。
4. 在這些顏色中安靜地坐著或走動，感應到你的氣場反映出這些色澤。
5. 知道青銅黃龍正在針對你下工夫。

練習59

與神性振動連結且知道你的使命

1. 找到一個你可以安靜下來、不被干擾的地方。
2. 如果可以，點燃一根蠟燭或找到黃色的鮮花，為你的連結增添能量。
3. 閉上眼睛，放輕鬆。
4. 祈請來自天王星的青銅黃龍，感應到或看見祂們靠近你。
5. 祂們告訴你，祂們一直從遠處注視著你，已經從你的上空經過，要點燃你內在的真理。

6. 感應到、感覺到或看見祂們將多重色調的黃光，吹進你的能量場。
7. 一把金鑰匙在你的頂輪裡逐漸亮了起來。
8. 青銅黃龍正在建立從你的頂輪到天王星和庫洛內的能量之門。
9. 祂們正在打造其他通向上帝振動的鏈接，那是你已經準備好要接收的振動。
10. 這些美麗的龍正在觸動你，讓你知道你的使命，以及自我接納、和諧、勇氣。
11. 吸入這些氣息並臣服。
12. 現在祈請成千上萬的青銅黃龍席捲過地球上空，散播加速改變的新黃金時代的頻率。
13. 睜開眼睛，感謝來自天王星的青銅黃龍。

第43章 來自金星的白粉龍

「本源」之愛是光輝的白色，內含所有顏色的頻率。這種最純淨的白色之愛，透過一朵非常高頻振動的乙太玫瑰從「本源」向下傾瀉，直接進入這個宇宙。這朵白色搭配淡粉色的宇宙級乙太玫瑰是金星（**Venus**），它充當變壓器，將能量降低到我們的宇宙可以接受的頻率。

這朵宇宙級玫瑰有三十三片花瓣，暗示它保有基督之光。金星被稱作愛的行星，因為源自這顆行星或靈體，曾經體驗過這顆星球的人們擁有開闊的心胸。他們對愛是什麼，擁有真實的理解，他們可以看見他人有愛的心以及期待被愛作為回報。耶穌基督與庫圖彌大人（**Lord Kuthumi**）是兩例最偉大的存有，祂們曾經從金星來此化身。

來自金星的白粉龍（**white-pink dragon**），攜帶著這份「本源」之愛以及人類的愛的粉紅色。祂們的使命，是要將祂們的光大量注入那些準備好要打開他們的高階心（**higher heart**）的人們心中。

就跟宇宙級玫瑰一樣，你的心輪有三十三片花瓣或三十三間密室，所有這些花瓣或密室內含你必須學習的愛的功課。其中某些你可能已經在其他前世學到了。如果足夠多的花瓣是張開的，白粉龍就可以將祂們的光直接注入你的心輪，很像陽光進入花朵的中間。這溫暖它的內部，於是花瓣張開。不然就是，陽光可以溫暖花蕾，讓花瓣們張開。這就是白粉龍如何針對個人、家族、群體下工夫。祂們使心敞開接受愛，但是祂們的主要意圖，是將「心」擴展到「超然的愛」。

心的內在花瓣

來自金星的白粉龍，主要與心輪的最後五片內在花瓣一起運作，使你敞開接受更高的愛。花瓣二十九是關於落實無條件的愛，這是許多人現在正在學習為揚升預作準備的一門功課。它如實地意謂著無條件地愛人，同時仍然珍視自己。

花瓣三十是「超然的愛」的功課，它將你的愛提升到超越情緒連結和物質世界。

花瓣三十一是關於建立和「宇宙之心」的連結。白粉龍、天使瑪麗、大天使夏彌爾、其他發光存有，全都克盡他們的職責幫你建立這份鏈接。每次你召喚祂們並與祂們一起靜心冥想時，都使你們的連結更加牢固。

當你體驗到宇宙的愛時，花瓣三十二便完全打開。

最後的也是最光輝燦爛的第三十三號花瓣，是關於「一」。許多言論表示，這股能量使你的心可以擴展到包含一切，而且當你真正體驗到它的時候，你便是不折不扣的愛的存有。

金星的純愛能量

當你談論金星時，白粉龍便靠近你。如果你仰望夜空，搜尋金星，祂們肯定會在你身邊，幫忙將你的心連結到從金星散發出來的純愛能量。

祂們在比粉紅龍更高的頻率工作，而且時常為了促進已揚升的愛而接管粉紅龍的工作。

擁有無害、同理心、慈悲心

如果你祈請一條白粉龍，你可能會很驚訝祂感覺起來多麼強健，卻又完全無害。無害是一種揚升品質，也是這些絕妙的龍的本質。如果你正在培養這種品質，不妨召喚祂們，因為只要有祂們在你的能量場之中，你就能夠更輕易地調頻對準這種品質。庫圖彌大人在化身成為「阿西西的聖方濟」（St Francis of Assisi）的過程中，就完善了這點，使祂能夠與所有動物相處得友好融洽。當你散發出無害氣息的時候，你是完全安全的，因為沒有人或動物感覺到被你威脅。在任何侵略者眼裡，你都是隱形的。

同理心和慈悲心是五維敞開心扉的品質，將他人包裹在愛和療癒之中。若要真正擁有這些品質，你一定擁有自愛。所以，請求來自金星的白粉龍與你同在，幫助你就「是」愛。

練習 60

與宇宙之心連結

1. 找到一個你可以安靜下來、不被干擾的地方。
2. 如果可以，點燃一根白色或粉紅色蠟燭。
3. 閉上眼睛，放輕鬆。
4. 祈請來自金星的白粉龍，感應到祂們和藹地在你身邊飛翔。
5. 看見或感應到祂們將愛大量注入你的心的中心。
6. 感覺到你的心的三十三片花瓣全部張開。
7. 這些龍正在你的心和宇宙之心金星之間創建一道光。
8. 你可能會感應到更高的愛脈動著進入你的心輪。
9. 沐浴在白粉色的「超然的愛」之中，吸入它的氣息。
10. 融入宇宙之愛的「一」。
11. 感謝白粉龍，請求祂們留在你身邊。
12. 睜開眼睛，繼續放輕鬆，吸收那份純淨的愛。

第44章
來自水星的藍金龍

水星（Mercury）是溝通的行星，而藍金龍（**blue-gold dragon**）的主要任務，是保持整個宇宙的連結流動。在宇宙層面，這些藍金龍擔任不同恆星和銀河系上的存有們之間的信使，然而祂們做的事不只是傳遞訊息——祂們在行星、恆星、銀河系、能量團簇（**energy cluster**）之間，鍛造光的路徑（就跟雷伊線一樣）。在有誤解的地方，祂們吹進高頻光，讓存有們能夠用開悟的眼睛重新詮釋。

祂們試圖對人類做同樣的事，但是這往往證明是比較充滿挑戰的，因為大部分的人類意識被業力模式覆蓋，扭曲了溝通的清晰度。藍金龍會非常樂意把這吹走，讓所有互動可以是純淨的。

祂們努力保持國家與個人之間的溝通渠道暢通，祂們甚至幫忙保持信息流經整個網際網路、雷伊線和電話網路。

在亞特蘭提斯的黃金時期，祂們的網際網絡是由大水晶驅動的。通過大水晶的所有信息都是非常高頻，因為那個時代的人們只對靈性表達有興趣。藍金龍無事可做，只能保持暫且觀望。現在，只要有人請求祂們這麼做，祂們便透過網際網路和其他網路傳送光。然而，現代網路的頻率低階許多，藍金龍無法提升它們，因為人類才剛剛準備好迎接比較美好的東西。當我們請求祂們沿著這些路線傳送祂們的光的時候，那允許祂們傳送強大許多的力道，因為需要這麼做，才能清除老舊。

揚升的水星——特拉弗尼

已揚升的水星部分叫做「特拉弗尼」（Telephony），而藍金龍調頻進入它。這使祂們能夠聚焦在幫助你，使你的溝通變得睿智、誠實、屬於最高頻率。藍金龍在祂們的能量場中保有誠信和真實，而且在你準備就緒時，將這些品質傳遞給你。

如果你攜帶著某種光，祂們便靠近你。當你踏上揚升之路時，祂們肯定與你同在，支持著你。

這些風龍理解人類的心智。祂們覺察到能量場中的黑暗團塊，是由激情的低階情緒形成的，而激情的低階情緒又是錯誤的思想製造的。儘管如此，如果一個人擁有誠信以及誠實地溝通的意圖，藍金龍將會在他身邊盤旋，設法協助，吹散所有不利於誠實互動的東西。如果這適用於你，你可以請求這些美麗的龍幫助你。

你可能有無法向某位親戚、伴侶、朋友、同事或老闆傳達你的真理的問題，如果你願意放下圍繞這個問題的你的小我，藍金龍將會從頭到尾給你力量，讓你能夠正氣凜然地說話。祂們的目標是使關係和諧，促進良好的溝通。

協助決斷力

藍金龍體型小，迅速而活潑，祂們使你能量滿滿。祂們可以幫助你快速地思考，立刻做出決定。

如果你卡住了，祂們也會幫你繼續前進。首先，祂們會吹走阻止你轉變的沉重能量。然後完全敞開溝通渠道，讓你自由。

開闢新的機會

這些龍也會為你開闢新的機會。為此，祂們將會與你的守護天使合作。你的天使可以安排同步性和巧合，因此，如果你對此準備就緒，機會便自然而然地出現。龍可以是更加強勁有力的，而且主動地銷毀阻擋你的能量。祂們可以推動你就位，好好利用某個新機會。假使你曾經納悶你如何那麼快速地到達某個地方，那麼很可能是一條龍將你推到那裡的。

一旦你致力於更高階、更純淨的溝通，藍金龍就會來到你身邊。祂們會將金色能量注入你的氣場，讓金色天使被你吸引過來。當這事發生時，祂們一定會不遺餘力地幫忙和鼓勵你誠實地溝通，讓他人完全地敬重和信任你。

提升世界網路頻率

想像藍金龍用藍光連結行星、恆星、星座，看見祂們沿著網際網路的振波傳送光，提升世界各地網路的頻率，為電視、無線電廣播、行動電話網路做同樣的事，看見全世界的所有通信網路散發著光芒。

練習 61

加強溝通管道

為了做這個練習，你需要一塊石英晶體。

1. 握住石英晶體，將它獻給更高的溝通。
2. 舉起石英晶體，請求來自水星和「特拉弗尼」的藍金龍用祂們的光觸碰它。
3. 現在把石英晶體放在你的電腦或電話旁，如果你喜歡，也可以把它放在世界地圖上。

練習 62

增強你的溝通技巧

1. 找到一個你可以安靜下來、不被干擾的地方。

2. 點燃一根蠟燭，獻給純淨的溝通。
3. 舒服地呼吸，閉上眼睛。
4. 祈請來自水星的藍金龍，感應到祂們在你身邊移動。
5. 請求祂們清除任何扭曲你的溝通清晰度的業力模式。
6. 你可能會在你的喉嚨區或頭腦裡感覺或感應到祂們。
7. 請求祂們吹走任何低階能量，讓你從某個開悟的視角自由地溝通。
8. 觀想你自己用金色能量，以心靈感應和口頭方式表達自己。
9. 看見或感應到他人正在回應你。
10. 請求來自水星的藍金龍在你需要祂們的時候與你同在。
11. 感謝藍金龍幫忙你。

第45章

來自木星的水晶綠橙龍

這些美妙的水晶綠橙龍（crystal green and orange dragon），帶來喜悅、幸福、繁榮、豐盛、成功。每一個人都需要一條水晶綠橙龍。祂們來自木星，在祂們的能量場中帶有人類幸福的密碼，準備好要照亮你個人的幸福密碼。

快樂幸福是你可以擁有的最大的恩賜之一，這是你可以提供給家人的最美好的東西。如果你是快樂的母親、父親或孩子，家人就不覺得該為親人的幸福負責。多大的解脫啊！假如一直不快樂的父母變得快樂，孩子便下意識地感覺到巨大的負擔解除了。

快樂幸福與健康密不可分。誠如古諺所云：「快樂是最好的藥。」它是壓力的剋星。快樂幸福是吸引好事的磁性品質。它讓人們想要僱用你，選擇你做朋友或拍檔，它也吸引來自宇宙的賜福。當你散發出這種品質時，它使別人振奮起來。它甚至提升卡在自己的低階盤算中的人們。

快樂幸福是對今生這份恩賜的感激。

你完美知足和靈魂滿意的藍圖，在你身體的細胞內和你的能量場中。有些人擁有窮困、生病或在其他方面充滿挑戰的人生，然而他們發自內在光芒四射。他們將自己提升到高於自己的狀態之上，選擇用開悟的喜悅之眼看見事物。

如果你準備好要放下你的老舊模式，水晶綠橙龍可以點燃你內在的這簇火焰。

遠大的夢想

這些來自木星的龍在這個宇宙四處飛翔，散播著難以言喻的喜悅品質，點燃更高階的希望和滿意。如果有一條水晶綠橙龍來到你身邊，你不可避免地感覺到輕盈。

木星已揚升的部分叫做「珍貝」，意思是巨大的、浩瀚的、已擴展的，水晶綠橙龍也握持和散播這種遼闊的能量。如果你希望你的業務成長，不妨召喚祂們，祂們將會幫你保有心中已被強化的願景。對於想要繼續深造的人們，這條龍將會使你能夠找到履行某個更大承諾的方法和手段。如果你有遠大的夢想，那麼水晶綠橙龍會將成功的魅力、希望、願景吹進你體內。

永遠不要低估你自己，因為，有水晶綠橙龍的協助，你可以達到的成就遠遠高於你所想的。

豐盛

這些來自木星和「珍貝」的龍，與大天使拉斐爾的龍一起工作，祂們在人們身邊盤旋，吹走貧困意識，轉化成為豐盛意識。許多人突然間感覺到自己的內心和頭腦擴大展開，他們意外地為自己的生涯或事業構想出更大的可能性。其他人則在繁榮和好運對他們微笑時，轉變了他們對人生的感知。當這些龍將「珍貝」的高頻、遼闊的能量注入你的時候，你的世界便大大敞開。

當前的情況

我們生活在一個進化和成長的時代。當然，可能會有當地的經濟、社會或政治緊縮，但是整個世界目前都在呼出巨大的擴張氣息。一切正以一種自從亞特蘭提斯以來從未見過的方式在靈性上敞開。機會和新的可能性正在被引介給準備好要抓住它們的任何人。隨著世界進步的加速，水晶綠橙龍正歡喜地跳著舞。如果你已經準備好要成長、擴展、抓住新的機會，不妨請求這些宏偉莊嚴的龍協助你。

練習63

吸引幸福、繁榮、豐盛

1. 如果有可能，站在戶外的星空底下。
2. 呼喚一條來自木星的水晶綠橙龍來到你身邊。
3. 張開雙臂。
4. 默唸或大聲說道：「我歡迎幸福、繁榮、豐盛。來自木星的龍，感謝祢跟我在一起。」
5. 想像你和那條龍一起站在一扇美麗的綠橙色能量之門裡，那扇能量之門向上觸及木星和「珍貝」。
6. 吸入喜悅的能量。

擴展你人生的某個領域

1. 找到一個你可以安靜下來、不被干擾的地方。
2. 點燃一根蠟燭，獻給木星的水晶綠橙龍。
3. 舒服地呼吸，閉上眼睛。
4. 祈請水晶綠橙龍。
5. 看見祂們在你身邊盤旋，跳著舞，玩耍著，散發著快樂幸福。
6. 告訴祂們，你已經準備好要釋放任何不再為你服務的老舊模式，你希望引入祂們擁有的幸福和豐盛。
7. 呼出老舊，吸入綠色和橙色的光。
8. 請求水晶綠橙龍，幫你擴展你人生的任何領域且感應到那事正在發生。
9. 請求祂們將幸福、豐盛、繁榮注入你人生的這個領域。
10. 看見上述一切進入你的人生，你開開心心地領受。
11. 感謝水晶綠橙龍。

第46章 來自冥王星的黑銀白龍

在這個大規模的行星過渡時期，真的很需要這些來自冥王星、令人讚歎的黑銀白龍（black and silver-white dragon）。祂們協助摧毀老舊，讓新穎可以溫婉地進來。就像春天的更新出現在一切趁黑暗的冬天期間，在地下準備好之後。球莖和芽一直在茁壯。種子一直耐心地等待著。然後，當條件適當時，它們便突然冒出來見光。

同樣的，幾千年來，地球一直等待著地表上發生變化。後台已經做好了諸多準備。這個過渡是緩慢的，但是正在逐漸發生，而來自冥王星的黑銀白龍正在與這次轉變合作。祂們一直與掌管地球的天使蓋亞夫人（Lady Gaia）一起工作，為新的黃金時代做好準備。

自二〇一二年以來，全球各地的許多宇宙門戶已經打開。來自冥王星的黑銀白龍在這些能量之門附近盤旋，隨著能量被釋放，能量被整合到陸地裡，也被準備好迎接這些能量的人們融合了。

滿月，尤其是「超級月亮」，正在將神聖女性之光傾瀉到地球上和地球內。來自冥王星的黑銀白龍，正在幫忙將這股轉化的能量散播到需要它的地方。

自二〇一五年以來，特殊的九維能量已經被吸引到地球，準備讓每一個人提升頻率。來自冥王星的黑銀白龍與許多大天使一起工作，尤其是大天使聖德芬（**Archangel Sandalphon**），以求確保這些能量的密鑰和密碼解鎖，或照亮正在被準備的一切。

來自冥王星的黑銀白龍，也與許多高頻存有相互配合，這些存有正在將祂們的光照射到地球上和地球內。祂們在幕後工作，正強而有力地影響著改變。

個人的轉化

這也是前所未有的個人轉化時間，每個地方的個人都被來自冥王星的黑銀白龍，輕輕地推著走上他們的揚升之路。

這些龍非常清楚我們所有的潛意識和無意識過程，祂們了解我們的心魔、我們的恐懼、我們的罪疚、我們的羞愧。隨著我們移動到更高的頻率，光照在我們的心魔上。負面事物出現，而來自冥王星的黑銀白龍幫助我們整合它們，祂們推動我們做出正向的改變。

療癒家族模式

來自冥王星的黑銀白龍與大天使馬利爾的洋紅龍合作，帶來靈魂療癒，讓你最深邃的智慧可以出現。

在行星揚升的這個時候，祂們正在幫忙將毀滅性的家族模式帶到意識上。沒有家族是完美的，所有家族都有事要好好努力。這裡有一個個人的例子，多年來，我一直覺察到這些毀滅性的影響，但是直到我女兒指出來，我才弄清楚這個模式。我始終很高興我們都能夠像一家人一樣交談和分享，但是我們也會因為批評或翻白眼而彼此陷入冷戰。當那樣的事發生時，被冷漠以對的人感到生氣，沉默地走開。這也阻止彼此分享重要或有趣的東西。我的父母親經常這樣，它使我們無法親近，直到他們去世。我的孩子們偶爾也這樣對我，我很震驚地認為我也做著同樣的事，但是，當我思考這事且仔細觀察自己時，我領悟到我承繼了這個家族模式。我們將這件事公開，討論了，而且同意我們不會允許這樣的事再次發生。第二天，一條來自冥王星的黑銀白龍來到我身邊，於是我寫了這一章。我領悟到，這條龍一直在協助使我們能夠將這個模式帶入光。

準備好迎接改變

如果你與某人處在權力鬥爭中，不妨請求來自冥王星的黑銀白龍，揭示真正的根本原因。祂們帶來緩慢但澈底的改變。如果你準備好要像蝴蝶一樣從某個情境破繭而出，要知道在整個蛻變過程中，祂們一直與你同在。在這個過程期間，祂們可以協助處理發生的物質變化，以及允許這次轉化的深邃心智和情緒轉變。這些往往是痛苦的。如果你正在沉思、夢見或閱讀關於來自冥王星的黑銀白龍，那麼祂們正在某個無意識層次針對你下工夫，正在使你準備好過渡到某樣更好的東西。

將祕密帶到光明中

如果有人要求你保守祕密，冥王星的黑銀白龍一定會尊重這點，一定會不碰這事。然而，祕密通常是毀滅性的，那是羞恥或罪疚造成的。家庭和關係，可能會因為像這樣在表面之下運作的隱藏癌症而分崩離析。把祕密隱藏起來耗費了大量能量。來自冥王星的黑銀白龍幫忙將祕密帶到光明之中，讓祕密可以被揭示和接受。

國家、公司、組織也有他們想要隱藏的面向，目標是要成為和事佬，但經濟卻奠基於出售武器的國家就是一例。否認和掩蓋性虐待的教會是另一個例子。某些這類活動已經猖獗了幾個世紀，而來自冥王星的黑銀白龍正在超時工作，為的是揭露各種賄賂和貪腐，祂們正在用祂們的光穿透許多心魔。

我們正處在改變的邊緣。

新的開始

最黑暗的時刻是在黎明之前，嬰兒出生前有分娩的痛苦。而在神奇的重生之前，往往有靈魂的暗夜。來自冥王星的黑銀白龍在黑暗期間摧毀老舊，讓新東西可以出現，進入白天的光明之中。

練習65

鼓勵轉化

1. 找到一個你可以安靜下來、不被干擾的地方。
2. 點燃一根蠟燭，為你的連結增添能量。
3. 閉上眼睛，放輕鬆。
4. 祈請一條來自冥王星的黑銀白龍。
5. 感應到或看見祂在你面前，告訴祂你已經準備好，要對自己揭露你隱藏的情緒和隱瞞的模式。
6. 請求祂將光照進你的內在世界，促進你內在的轉化。
7. 保持靜定而沉默，視你需要，多久都行。
8. 請求那條黑銀白龍，將光照在阻礙著你的任何家族模式上。
9. 保持靜定而沉默，視你需要，多久都行。
10. 派遣一支由黑銀白龍組成的大軍，進入某個國家、公司或組織，請求祂們開始祂們的工作，揭露世界靈性轉化的必要條件。
11. 感謝黑銀白龍，花些時間檢視你的人生。

第47章

來自土星的黑龍

土星（Saturn）時常被喻為約束和限制的行星，但它實際上是靈性紀律的行星。來自這裡的存有，包括黑龍（black dragon）在內，提醒你這個宇宙的靈性法則。祂們只有在你的行事違反靈性法則時才會約束你，因為違反靈性法則使你的靈性旅程變得更加困難，而且還掙得業力。

當你忠於靈性法則時，來自土星的黑龍為你帶來智慧，可以基於至善完成你需要做的事。

聖哲曼與奎奇的大師們

土星的揚升面向被稱作「奎奇」（Quichy），而這些黑龍直接與「奎奇的大師們」一起工作，奎奇的大師們是為土星做出決定的十二位強大存有。祂們鼓勵你聚焦在你的終極願景。當時間到了，你該要帶著紀律和焦點，承擔最終將會邁向你的目標的任務時，這些龍就會出現在你身邊。你在這個時刻讀到這篇文章並不是偶然。

聖哲曼現在是「文明之主」，這個宇宙裡最重要的職位之一，在祂的許多前世中，曾經有一世是魔法師梅林。祂源自於土星，致力於自律和理解宇宙的法則。祂曾經經歷過許多啟蒙或考驗，磨練祂的技能，而且由於透過靈性修練獲得的力量，祂能夠掌握元素、創造魔法、成為不朽。

規劃你的目標

一旦你選定了你的目標——無論大小——土星的黑龍，將會幫助你規劃你要做什麼才能達到目標。與此同時，祂們將會鼓勵你平衡你的人生。祂們將會協助你使自己頭腦清醒、全神貫注而聚焦，讓你平靜而歸於中心地完成每一件事。這些威力強大的龍，將會為你帶來你所需要的決心，讓你可以完成達成你的使命所必須的任何事。

「蛻變的紫羅蘭火焰」被保存在土星。黑龍攜帶著這股能量，當祂們與你一起工作時，祂們用它來消融你心中不支持你的願景的任何懷疑或想法，這是他們提供給你的強大禮物。

平衡你的海底輪

我們在我們的海底輪裡學習靈性紀律的功課，海底輪只有兩片花瓣或兩間密室，男性和女性，而這些必須達到完美的平衡，這個脈輪才能成為五維的。

黑色是「神聖女性」的顏色。這些黑龍使你保持在和平與平靜之中，允許你靈魂中的魔法和智慧得以進化。然而，過多的陰（女性）能量最終導致停滯。為了平衡陰與陽（男性）的能量，大天使加百列（祂是負責海底輪的純白大天使）與來自土星的黑龍們一起工作，在這裡創造完美的均衡。

這幫助你腳踏實地走在揚升之路上，確保你基於全體的至善而做每一件事，而且完全信任宇宙可以照顧你。

當你通過某項考驗或啟蒙時，這些黑龍將會時常來到你身邊，因為這指出，你已經展現出靈性紀律。祂們要求你歡慶自己的成功，用理解你的人生道路正在敞開，來接受更美好的新事物來激勵你。

信任《龍族神諭卡》

《龍族神諭卡》將會告訴你哪些龍目前與你同在，所以要信任它們。當我撰寫來自土星的黑龍時，我收到勃肯．托爾的來信，他是靈媒，當時正在斯堪地納維亞拍攝某個電視系列劇。他的時間安排緊湊累人，造訪曾經發生事故的地方，調頻進入，告訴倖存者或親人當時究竟發生了什麼事——實在是挑戰性十足的通靈工作。以下是簡略描述他在電子郵件中談到的經驗，說他如何得到水龍以及來自海王星的龍幫忙。

他說，拍攝期間，他最大的支持者之一，是一條來自土星的黑龍，名叫薩索爾（Sathor）。他總共有二十四件案例，要拍攝三天，然後休息兩天。他每天都做《龍族神諭卡》解讀，而拍攝的每一天都得到來自土星的黑龍牌卡。黑龍牌卡只出現在那些特定的日子，這對他來說是驚人的確認，因為他會知道，當天勢必進展順利，而且他已經通過了之前在每一個地點看見已經發生的意外或事故的考驗。

有一天，他沒有抽到那張黑龍牌卡，拍攝工作被取消，沒有要通過的考驗。

他靜心冥想且詢問為什麼這些獨特的龍會來到他身邊。祂們說，祂們可以擔任慈愛的教練或指導者，幫助人們完成對他們來說複雜或具有挑戰性的任務和使命。祂們幫助人們保持專注聚焦，而不是偏離或分神。祂們使我們的能量保持與任務連成一氣，直到完成任務為止。

勃肯補充，沒有祂們的幫忙，他認為他無法持續那麼多小時保持敞開、直覺、專注。

幫助你聚焦在某項挑戰或任務

1. 找到一個你可以安靜下來、不被干擾的地方。
2. 想起你目前面臨的某個挑戰或情境。
3. 祈請一條來自土星的黑龍，當祂接近你時，要覺察到祂的能量。
4. 請求祂約束你在這個情境裡只做基於至善的事（換言之，根據靈性法則）。
5. 祈請大天使加百列，看見祂在祂的純淨白光中抵達。
6. 祂們一起在你的海底輪內，放置一個完美的黑白陰陽符號。
7. 放輕鬆，讓它融入你的系統。
8. 知道這兩位強大的存有正在引導你。
9. 感謝祂們，睜開眼睛。
10. 在經歷你的挑戰時，只要有需要，就留神觀察你的想法和行動。
11. 當挑戰結束時，恭喜你自己同時做點什麼來慶祝一下。

第48章 來自獵戶座的純白龍

獵戶座是智慧的行星，智慧的重點在於獲取知識和信息，而且基於全體的至善運用知識和信息。來自整個宇宙的存有，來到「獵戶座的大師們」面前尋求建言和指引，祂們是十二位大師睿智、開悟的存有，全權負責整個獵戶星座。

來自獵戶座的純白龍（**pure white dragon**）在祂們的能量場中，攜帶著這份特殊的智慧之光，可以幫助你從開悟的視角看見事物。祂們也吹走進入你腦袋的低階想法，讓最有智慧的想法留下。

知識是左腦的功能，而智慧是在右腦和心裡逐漸養成的。這些龍有能力將你在揚升之路上獲得的所有知識，轉化成為加速你的旅程的純淨智慧。祂們幫忙打開你的右腦，讓你可以透過你的心評估事物。

白色光束

白色代表純淨和忠於你的本質，它指出真理、誠實、開悟。純白龍帶著這些品質振動，而且有能力將它們傳遞給其他人。

這些奇妙的龍閃爍著使人眩目的純淨白光。白色在最高頻率持有所有的顏色，它敞開所有的可能性，它允許你與「本源」之光連結。當來自獵戶座的純白龍接近你的時候，許多事物變成有可能的。

有許多存有在純淨的白色光束上操作，祂們自然而然地與獵戶座的純白龍連結。大天使加百列親自將祂那清明、純淨、喜悅的白光，散播到許多宇宙中。祂與祂的天使和龍們一起旅行。來自獵戶座的純白龍也伴隨祂執行特殊的使命，以便保有在開悟智慧的振動中發生的一切。當你有重要的事要做或特殊的會議要參加時，如果你請求，一條純白龍將會陪伴你，以便保有睿智且符合真理的結果。

獨角獸被譽為「純淨之最」（the purest of the pure），因為祂們的本質是鑽石般的明亮，而且與神性真理一起振動。祂們與你的靈魂願景一起運作，因此當你請求來自獵戶座的純白龍，以智慧守護你的夢想時，獨角獸將會加入祂們的賜福。這些龍也可能將你的願景交給獨角獸，由獨角獸帶到「本源」面前啟動。

「淨光兄弟會」在整個宇宙中操作，而且有許多分支；舉例來說，艾賽尼派（**Essenes**，譯註：猶太教派，活躍於西元前二世紀到西元一世紀）信徒與卡特里派（**Catharism**，譯註：又稱「純潔派」，中世紀的基督教派，興盛於西元十二世紀與十三世紀的西歐）信徒都屬於淨光兄弟會。

揚升大師瑟若佩斯・貝（**Serapis Bey**）持有純白的「亞特蘭提斯火焰」（**Flame of Atlantis**），當你準備就緒時，可以將這簇火焰置於你的氣場上方，讓你身體內的每一個細胞都沐浴在無瑕、閃爍的白光之中。獵戶座的純白龍可以將它揙入生命中，讓你的光芒瞬間閃現整個宇宙。

所有攜帶白光的存有都造訪「真理的聖殿」（**Temple of Truth**），這是在金色亞特蘭提斯時期建立的，現在可以在內在層面找到。在這個發光的空間裡，比較容易觸及純淨真理的振動，也比較容易接收到來自獨角獸、瑟若佩斯・貝、淨光兄弟會成員、獵戶座的純白龍的賜福。

為更高的揚升做準備

當來自獵戶座的純白龍接近你的時候，你正在為更高層級的揚升做準備，因為祂們修通你的心，照亮你自己的靈魂智慧。你可能會發現你正在用你的智慧之言，為其他人提供心的療癒。

跟往常一樣，你被要求用開悟的智慧之眼，注視著你自己的思想、言語、行為。你始終是基於至善操作嗎？請求獵戶座的純白龍私下告訴你，提升你的頻率。

獵戶座的純白龍，鼓勵你在所有情境裡都正直、誠實地行動，這使你能夠在你的氣場中培養純淨的白色，讓人們信任和尊敬你。如果你請求祂們這麼做，純白龍將會趁你入眠或靜心冥想時，帶你到獵戶座會見「獵戶座大師們」。只是在祂們的臨在中淨化你的本質和照亮你的心。

因為這些龍修通內心，在祂們的影響下，你將會找到自己的光之雙翼，開始長大，開始散播。

練習 67

接收到白光和智慧

1. 找到一個你可以安靜下來、不被干擾的地方。
2. 點燃一根蠟燭，獻給與獵戶座的純白龍會面。
3. 閉上眼睛，放輕鬆。
4. 請求瑟若佩斯．貝將「亞特蘭提斯的白色火焰」置於你的上方。
5. 邀請獵戶座的純白龍將它搧成巨大的火焰，照亮你的細胞。
6. 騎上那條純白龍，回到「真理的聖殿」。
7. 在那座微光閃爍的白色聖殿內，獨角獸、大天使加百列、淨光兄弟會的大師們、純白龍等候著你。
8. 祂們賜福給你、照亮你，那光是眩目的，在那光裡放鬆。
9. 現在那條龍帶你穿越各個維度，來到獵戶座上的「白色聖殿」（White Temple）。
10. 十二位睿智的獵戶座大師們在這裡等候你。
11. 你從你的龍背上下來，向祂們鞠躬。

12. 你可能腦海中有一個問題，或者只是接收來自祂們的光。
13. 每一位大師輪流觸動你的心，看進你的眼睛。
14. 接收正在被下載給你的智慧。
15. 與你的純白龍一起返回你們開始的地方，感謝祂。
16. 知道你的氣場持有光芒四射的白光。

第49章 來自昴宿星團的藍龍

昴宿星團是一團星群（star cluster），透過這個星群，「本源」將藍色療癒內心的光下載到這個宇宙中。一朵擁有三十三片花瓣的巨大藍色乙太玫瑰，飄浮在「本源」與昴宿星團之間。它有三十三片花瓣，因為它擁有無條件的愛的基督之光。這朵藍玫瑰是宇宙級變壓器，「本源」的療癒之光透過它逐步下降至昴宿星團的大師們。

十二位昴宿星團的發光大師得到能量的加持，要基於這個宇宙中一切存有的至善運用這股宇宙能量。祂們進一步降低這股宇宙能量的強度，然後再將它傳遞給連結到昴宿星團的那些存有，而那些存有又將能量，更進一步降低到我們人類可以接受的層級。

這些特殊的龍是美麗的中天藍色，也就是聖母馬利亞的藍色長袍的顏色。祂們的角色是將昴宿星團的內心療癒，帶到宇宙的各個部分。祂們擁有允許祂們適當地運用這份內心療癒的智慧，所以祂們使你準備好帶著莫大的愛接受它。這意謂著，療癒之光總是在適合你的時間、以適合你的頻率臨到你。當你準備好要敞開心扉接收它的時候，祂們便將它澆淋在你身上，作為一種恩典的行為。

脈輪中的藍玫瑰

這些龍可以將一朵微微發光、不斷振動、有三十三片花瓣的藍玫瑰，置於你的每一個脈輪裡，用愛和療癒啟動它們。當這事發生時，你的脈輪旋轉得更快，於是昴宿星團的藍玫瑰被投射出去，用它的療癒能量觸動他人。

當藍龍（blue dragon）們用這朵具療效的藍玫瑰，照亮你的靈性中心時，這是能量上發生在你身上的事。

當這些龍將藍玫瑰置入你的地球之星脈輪時，你非常強烈地感覺到蓋亞夫人的愛，任何斷離的感受被治癒了。它使你能夠用愛為你的人生扎根接地，也可以向外發射，觸動別人的地球之星脈輪，讓他們也可以做到同樣的事。

當這朵藍玫瑰在你的海底輪中的時候，你深情地信任這個宇宙可以供養你、保你安全。

當這些龍將療癒的藍玫瑰置於你的本我輪的時候，所有過去關於關係和性慾的無用信念，都在療癒的光中消融，取而代之的是溫暖、接納的愛。

當藍玫瑰在你的臍輪中旋轉時，你歡迎所有人，無論膚色、種族、文化或宗教。昴宿星團的藍玫瑰用這樣的愛療癒，使所有的界線消融掉。

當藍玫瑰填滿你的太陽神經叢脈輪時，你的恐懼被治癒，因此你被授權賦能且為他人帶來自信。

當藍玫瑰在你的心輪中的時候，你透過你的心療癒他人。

喉輪裡的藍玫瑰使你的話可以治癒，你的言辭不自覺地充滿愛。

如果藍色的昴宿星團玫瑰在你的眉心輪中，你從這裡發出的心智療癒被「心」的愛軟化了。

頂輪的花瓣向外伸展，進入宇宙，當它們與昴宿星團的愛一起振動時，你變得有磁性，吸引美好的事物。

在你的因果輪中的昴宿星團玫瑰，邀請你帶著愛跨步進入天使界。

由於那朵玫瑰在你的靈魂之星中，療癒正為你在靈魂層次發生。

在你的「星系門戶」中的昴宿星團玫瑰，允許「本源」療癒透過你的脈輪系統過濾向下。

當藍玫瑰錨定在你的脈輪中且影響你的時候，你將這份影響傳遞給其他人。一條昴宿星團的龍將會協助你，這使得昴宿星團的天使們能夠輕易地與你連結，然後這些美麗閃爍的藍龍，將會在你的心中啟動一朵能量滿滿的巨型藍玫瑰，讓你可以在恩典之下將「本源」療癒，轉移給任何人或任何情境。

你成為昴宿星團療癒之光的一扇門戶，藍龍們在你身邊盤旋。

練習 68

為藍色昴宿星團療癒之光創建一扇門戶

你投入這個練習的能量和熱忱愈多，它就愈有效。你需要一張A4紙、一支筆或鉛筆，以及一些寶貼萬用膠或藍色塑膠黏土。

1. 點燃一根蠟燭，召請昴宿星團的藍龍。
2. 大聲說道或在心裡默唸：「我的意圖是要成為藍色昴宿星團療癒能量的門戶，我請求藍龍們支持我。」

3. 進行這個練習的剩餘部分時，心中想著這扇療癒門戶。

4. 如果你希望你的物質自我成為一扇門戶，請在A4紙的中央畫一個簡筆人物。

5. 軟化寶貼萬用膠或塑膠黏土，分成十二小塊，一塊代表一個脈輪。

6. 把它們滾成球。如果你願意，可以將它們製作成小小的藍玫瑰。

7. 現在把它們放在代表你自己的簡筆圖形上，如下所述的脈輪位置。

8. 地球之星在雙腳底下。

9. 海底輪在脊柱底部。

10. 本我輪在海底輪上方。

11. 臍輪在肚臍的位置。

12. 太陽神經叢在臍輪上方。

13. 心輪在胸部中央。

14. 喉輪在喉嚨裡。

15. 眉心輪在前額中央。

16. 頂輪在頭頂。

17. 因果輪在頂輪上方。

18. 靈魂之星在因果輪上方。

90. 星系門戶在頂端。

20. 拿一支藍色蠟筆，畫出藍色的光向下流經你身體，透過藍色脈輪或玫瑰向外散發。

21. 把你的創作放在不會被干擾的地方，例如在你的祭壇上，而且用你的思想為它增添能量。

22. 請求昴宿星團的藍龍們，照顧它同時啟動你的療癒意圖。

練習69

讓你的住家變成藍色昴宿星團的療癒門戶

按照上述說明操作，但是將你的意圖設定如下：「我的意圖是要讓我的住家成為藍色昴宿星團療癒能量的門戶，我請求藍龍支持我。」

1. 在紙上畫出你的住家。如果你喜歡，也可以用照片。
2. 將十二朵藍玫瑰放在一根柱子裡，向下穿過柱子的中心。
3. 拿一支藍色蠟筆，畫出藍色的光向下流過你的住家，透過藍玫瑰向外散發。
4. 把你的創作放在不會被干擾的地方，例如你的祭壇上，而且用你的思想為它增添能量。
5. 請求昴宿星團的藍龍照顧它，同時啟動你的療癒意圖。

練習70

將你的心連結到藍色宇宙級玫瑰

1. 找到一個你可以安靜下來、不被干擾的地方。
2. 如果有可能，點燃一根蠟燭——藍色蠟燭最理想。
3. 閉上眼睛，放輕鬆。
4. 在心裡祈請來自昴宿星團的藍色療癒龍。
5. 看見或感應到祂們在你身邊閃爍和盤旋，直到你感覺被柔和的藍光圈住。

6. 覺察到祂們將「本源」的療癒之光吹入你的心輪，於是心輪的花瓣愈張愈大。
7. 你覺察到一朵有三十三片花瓣的巨型藍玫瑰，在你的心輪中成形，散發著藍色的光。
8. 隨著藍龍不斷地吹送更多療癒藍光進入你的心輪，你注意到祂們正在將你的心，直接連結到昴宿星團上方的藍色宇宙級玫瑰。
9. 藍龍們正在充當變壓器，確保它在恩典之下對你來說是完美的能量。
10. 你可以在恩典之下，將你接收到的東西散發給人們和動物。
11. 放輕鬆，持續透過昴宿星團接收和送出藍色的「本源」療癒。
12. 完成後，感謝藍龍並睜開眼睛。注意你有何感覺。

第50章

來自天狼星的綠金龍

世界導師庫圖彌大人，掌管著這個宇宙的靈性大學和培訓學院，這些被安置在乙太界域，而且連結到天狼星的已揚升面向「拉庫美」。

許多這些學習機構，在整個宇宙裡是很有名的，來自宇宙各地的存有都來此上學。在這裡，從更高的靈性視角教授所有的進階知識、靈性法則和技術。

每一條靈性之路的基礎都是平衡，為的是將男性和女性能量帶入完全的平衡。也因此，這些來自天狼星的龍是微微發光的綠色，也就是自然平衡的顏色。祂們還持有驚人的智慧，這被反映在祂們的雙翼底下隱藏的金色。

來自天狼星的綠金龍（green-gold dragon），握有在最高階且最純淨的光中教育和學習的能量。祂們雙翼底下的金色光芒，使祂們能夠庇護就讀於靈性大學的學生。金色光芒還允許祂們以可能最好的方式理解和幫助學生，讓他們穩定地吸收下載的信息，甚至在必要的時候打開他們的思路。

這些綠金龍很可能會在你入睡時，帶你來到這些天狼星上的「光之學院」（Academy of Light），精進你的靈性知識和理解力。這是為了將宇宙的真理以及對純淨的愛、水晶技術或神聖幾何學的理解，帶到你的靈性之路。

接收到神聖的知識

明亮的綠金龍不只是保護者或嚮導，祂們攜帶著發光之路的密碼，以及在全新黃金時代才會出現的技術。祂們在人們準備好要接收和理解這點的那一刻，就將這點傳授給人們。祂們將會在你身邊優雅地移動，只要有機會，便將串流的信息下載到你的脈輪中。你必須放輕鬆且校正對準你的靈性之路，才能接收到這些知識，因此祂們時常在你舒舒服服且善於接收的夜晚造訪你。

一旦你接收了這份神聖的知識，你將會有意識或無意識地將它傳遞給其他人。因此，如果你與一條來自天狼星的綠金龍連結，你已經被選中，要將這份特殊的智慧散播給其他人。成為神聖知識的傳遞者是一種榮幸。掌管我們的宇宙的偉大光之存有們，將會看見你正在幫忙帶來新的黃金時代。

在天狼星的大學裡教學

我們的「靈」在夜間旅行，準備好的人在睡眠狀態期間，完成出色而重要的工作。如果你是光之工作者，無論你是否覺察到這點，你可能正在幫忙卡住的靈魂通過，在他們離開身體的時候療癒或輔導，幫助捲入事故的人們，滋養著害怕或執行著任何數量的其他任務的人們。

你也可能在內在層面教學，你的靈可能甚至在你睡著的時候，在天狼星的大學裡講課，而成千上萬來自許多恆星系統的存有，可能正在吸收你的光。來自天狼星的綠金龍，將會和你一起旅行並照顧你。

我朋友的母親生前是一名教師，而且熱愛教學。當她去世時，她的靈保持與家人密切聯繫，而且在一個月內讓他們知道，她在天狼星上，在內在層面大學裡教課，而且她實在是樂在其中。我喜愛這樣想：當我們是靈的時候，我們運用在地球上學到和做到的一切。

宇宙旅行

所有的龍都幫忙你穿越維度，但是天狼星的綠金龍，尤其擅長將你安全地引導到高階許多的頻率。祂們也是宇宙級旅行者，將來自宇宙各地的靈帶到「學習大廳」。祂們知道如何保護神聖信息的安全，如果有必要，更會在旅行途中將你藏在祂們的雙翼底下，祂們非常善於保護。

如果你嚮往成為「銀河系際大師」，你將在培訓學校裡與熾天使瑟若芬娜（Seraphina）一起受訓，而綠金龍將會在你的宇宙之旅期間照顧你。

練習 71

造訪天狼星的大學

1. 找到一個你可以安靜下來、不被干擾的地方。
2. 如果有可能，點燃一根蠟燭，閉上眼睛，放輕鬆。

3. 祈請一條來自天狼星的綠金龍。
4. 感應到或感覺到祂在你身邊盤旋。
5. 請求祂帶你去到天狼星的教學機構。
6. 騎在祂的背上，感覺到金光保護著你。
7. 你看見前方的白黃色大門，有著一個使你達致平衡的陰陽符號。
8. 那條龍帶你進入一間巨型會議廳，裡面有許多形形色色的學生。
9. 在那裡，你放鬆坐進椅子裡，舒舒服服地呼吸著。
10. 有人遞給你一塊水晶，你將水晶貼著你的眉心輪。
11. 內含靈性信息和知識的密鑰和密碼的光，被下載進入你的眉心輪。
12. 你接收著，你的氣場逐漸發亮。
13. 當你準備就緒時，再次登上等待著你的龍。
14. 一起飛回到你們開始的地方。
15. 感謝你的龍。

留神觀察你的夢，因為你可能會帶回你與龍一起造訪天狼星的回憶。也要注意你的思想中的任何細微變化，以及臨到你的任何新點子。你可能會發現你正在以一種更有智慧、發光的方式說話。常做這段觀想，如果它是你晚上所做的最後一件事，效果尤其好。

第51章

銀月龍

「本源」透過月球將神聖女性之光傳送到地球，在地球上，神聖女性之光使你沐浴在「本源」的魔力和奧祕之中。神聖女性之光內含古代智慧的所有祕密，包括創造和愛的力量。

銀月龍（**silver lunar dragon**）在祂們的能量場中，攜帶著神聖女性之光，祂們的目標是要用神聖女性之光的品質觸動人們：從合作、和平、和諧，到創意的表達、連續性、分享，再到平等、愛、團結、智慧。祂們的使命是要帶來平衡，使地球的陰陽能量可以完美和諧，迎接新的黃金時代。

祂們也將使你沐浴在祂們的閃爍銀光之中，幫助你達致平衡。那樣，你就可以幫助世界和地球上的一切眾生。

月球是門戶

月球是地球和天琴座（Lyra）之間的門戶。銀月龍可以在這個空間裡休息，得到能量的加持，方便完成祂們的使命。在這裡，祂們也與獨角獸和不同類型的天使連結和溝通，交換信息和智慧，然後祂們流入地球，尤其是在滿月時。

超級月亮

隨著地球的頻率變得更輕盈，我們即將因為更多非凡的超級月亮而更顯光輝。超級月亮發生在當月球比平時更靠近地球時，也因此，月球顯得大許多，也亮許多。超級月亮使我們全都沐浴在比我們以前經驗過的頻率高階許多的神聖女性之光中，難怪許多人們因為這個宇宙級現象的撞擊而偏離中心。

當超級月亮照耀在湖泊或大海上時，水體的動力增加，對我們的細胞結構造成衝擊，加速我們的水晶身體的形成。銀月龍正在輕推人們覺察到這樣的月光，走到戶外，走進月光中。當你沐浴在這樣的月光下，它可以大大地影響你的眉心輪進化。明智的做法是，尊重它的力量，小心不要過度刺激你的脈輪。請求銀月龍保護你，設法確保你每次只接收到適量的月光。

因果輪

你的因果輪是珍珠白的超驗中心，在你的頭頂上方，它直接連結到月亮，月亮將它的光注入這個密室，以便喚醒和啟動因果輪。因果輪時常被喻為你自己的個人月亮，透過它，你連結到較高的靈性界域。當因果輪準備就緒時，你遇見天使和發光大師。微光閃爍的銀月龍，在因果輪附近盤旋，幫助它亮起來，變得更大，在靈性上擴展，讓獨角獸可以透過它進入地球，幫助我們全體揚升。

練習 72

在滿月時喚醒和擴展你的脈輪

1. 坐在或站在月光下，你可以感覺到它沐浴著你的眉心輪和你的因果輪。
2. 在你身邊放一杯純淨、靜止的水。
3. 在心裡默唸或大聲請求銀月龍，以完美的方式淨化和喚醒你的眉心輪。放輕鬆，信任祂們正在做這件事。
4. 然後請求祂們照亮並擴展你的因果輪，看見或感應到因果輪逐漸變得巨大。
5. 你可能會覺察到天使、龍或獨角獸在你的頭頂上方。
6. 持續放鬆幾分鐘，沐浴在月光下。
7. 最後祝福那杯水並喝掉那杯水。

練習 73

照亮你的神聖女性能量

1. 找到一個你可以安靜下來、不被干擾的地方。

2. 點燃一根白色蠟燭，獻給與銀月龍連結。
3. 閉上眼睛，放輕鬆。
4. 祈請銀月龍，請求祂們讓你沐浴在祂們的能量之中。
5. 知道你個人的神聖女性能量的密碼正在被照亮。
6. 聚焦在你的因果輪，觀想它是你上方的珍珠圓盤。
7. 感應到銀月龍正在觸碰它，於是它逐漸變成一顆巨大的月亮。
8. 允許天使、龍、獨角獸在它周圍飄浮，穿過它。
9. 知道你比以往任何時候都更接近天使界。
10. 感謝銀月龍們，睜開眼睛。

第52章

來自赫利俄斯的金色太陽龍

金色太陽龍（golden solar dragon）來自「中央大日」（Great Central Sun）赫利俄斯（Helios）。「中央大日」是我們的太陽之外的太陽，它代表純淨神聖男性能量的本質。金色太陽龍在祂們的能量場中，攜帶著我們宇宙的原始力量和原力，那是得到啟發的領導力的能量，那是移動山脈的力氣。除非只需要威力，否則它們絕不會單獨操作，因為男性氣質必須由女性氣質來平衡。沒有女性智慧的男性力氣可能是危險的，沒有男性力氣的女性智慧只是無效的，所以銀月龍通常陪伴著金色太陽龍。

當來自「中央大日」的金色太陽龍靠近你的時候，祂們用神聖男性能量觸動你。這麼做的時候，祂們將大量的勇氣和力氣傳送到你全身，你可能會明顯地感覺到。祂們也點燃你與生俱來的自信、獨立、邏輯、聚焦、紀律、領導力、魄力等男性品質。銀月龍用神性智慧平衡這點，讓你能夠重新聲稱自己是和平戰士，祂們使你能夠運用智慧靠自己的力量站穩。

當你的男性和女性能量平衡時，人們與你相處感到安全，他們信任你。那就像有父親和母親，他們基於全體的至善一起全然和諧地操作。

大天使麥達昶的神性熔爐

在赫利俄斯裡面，令人敬畏的大天使麥達昶創造了光物質，那是我們存在的基礎。它使地球和地球上的一切能夠活著、體驗、成長。赫利俄斯是熔爐，為了期待已久的黃金時代，新事物將會從這個熔爐中出現。金色太陽龍為這次出現攜帶著熾熱的光碼，點燃所有需要被這股能量轉化的人們。

DNA重新編排

其中一部分是現在開始發生的DNA重新編排，好讓我們可以跨步進入人類進化的下一階段。這些來自中央大日的宏偉金龍，與來自月球的銀月龍平衡和諧地工作，再一次啟動我們的十二股DNA。祂們正在幫忙我們感到安全，讓我們能夠信任宇宙可以照顧我們，然後祂們可以照亮我們的細胞。在祂們裡面，所有那些自從亞特蘭提斯隕落以來，一直蟄伏的DNA密碼，都可以開始甦醒並重新連結。我們正在密集地重新編排，使我們準備好，迎接新的黃金時代。

星際之門赫利俄斯

赫利俄斯是我們的宇宙與「本源」的「一切萬有」（All That Is）之間的星際之門（stargate），它開啟一條穿越維度到達「無窮無限」（the Infinite）的加速路徑。它發出的音符，使我們能夠像歸巢的鳥兒一樣飛到我們的最終目的地。裹在赫利俄斯的金色星星披風中，我們可以隨著揚升起舞。

請求金色太陽龍趁你靜心冥想或睡覺時帶你來到這裡，然後幫助你使你的意識橋梁安塔卡拉納（Antakarana Bridge）閃爍發亮，這是透過祈禱、心智紀律、觀想、靜心冥想、其他靈性修煉建立的「彩虹橋」（Rainbow Bridge），可以將人格鏈接到靈魂，靈魂鏈接到

「單子」，「單子」鏈接到「本源」，運用聖雄能量（強大的金白光，在每一個層次療癒，而且可以戲劇性地加速揚升）。

成為靈性之光

當你與赫利俄斯的金色太陽龍一起工作時，你有勇氣說出你的真理，也有智慧成為靈性之光。你被賦予帶領許多人進入新的黃金時代的責任。你以身作則，以五維的方式活著。

練習74

啟動光碼

1. 在心裡默唸或大聲地請求金色太陽龍來到你身邊。
2. 如果有可能，坐著或站著，放輕鬆，讓金色的太陽柔和地沐浴著你的眉心輪，只有在太陽暖和、溫和的時候，才做這個練習。

3. 如果太陽不可能暖和、溫和，那就想像太陽照耀著你的眉心輪，撫摸著你的第三眼。
4. 感應到金色太陽龍啟動光碼。
5. 感覺到這蔓延你全身，開始啟動你的DNA。

練習75

與大天使麥達昶一起重新編排你的DNA

1. 找到一個你可以安靜下來、不被干擾的地方。
2. 如果有可能，點燃一根蠟燭，獻給赫利俄斯的金色太陽龍。
3. 感應到祂們圍繞著你，而你調頻對準祂們。
4. 請求祂們帶你到赫利俄斯的星際之門，進行DNA重新編程。
5. 一條閃爍的金龍邀請你坐上祂的背。
6. 祂倏地穿越維度，到達赫利俄斯，你感覺到祂原始陽剛的力量。
7. 你看見閃閃發光的金色大門，這是通向各個宇宙的巨大星際之門。

8. 大門打開，你穿過大門，進入一個到處是天使的驚人空間。
9. 當你習慣了這個空間時，你看見大天使麥達昶在輝煌的橙色光芒中等候你。
10. 你從龍的背上下來，進入大天使麥達昶的強大橙色能量柱。
11. 深呼吸，你的DNA開始被重新編排，新的光碼被下載進入你的能量系統。
12. 只要感覺適當，要逗留多久都行。
13. 然後感謝大天使麥達昶，騎上你的金色太陽龍。
14. 返回到你們開始的地方。
15. 記得感謝那條龍，盡可能好好休息，讓微妙的改變可以開始發生。

第53章
來自大角星的橙金龍

當來自大角星（Arcturus）恆星系統的橙金龍（orange-gold dragon）進入你的生命時，你知道時候到了，該要靠自己的力量站穩，因為你有一個待履行的天命。這可能是在創造力、靈性領導力、帶來技術或療癒的領域。如果這條龍與你同在，請放心，你的天命將會為人類或地球服務。這些龍是非常高頻的存有，祂們是完全服務導向的，渴望幫助你個人和我們的地球。

祂們來到選定的個人身邊，其中一些選定者已經閉上眼睛，拒絕聆聽且不理會過去。現在，你被要求要邀請這些龍進入你的能量場，因為這是一個新時期，而且時候到了，該要向前邁進。

來自大角星的存有

來自大角星的存有是高度進化的。祂們的振動非常高，高到祂們幾乎已經成為一個群體意識，因為共同利益變得比個人本體重要。這種一體性是地球上人類正在前進的方向，當我們完全進入新的黃金時代時，它將會被建立起來。來自大角星的橙金龍，讓我們看見大角星的願景以及祂們在那裡的生活，幫助我們達到這個志向。在某些方面，大角星的生活，類似於亞特蘭提斯黃金時期的生活方式，只不過大角星的存有是乙太體，因此沒有物質身體。橙金龍提醒我們，我們曾經在哪裡、我們要去哪裡，以及我們可以達到多少，藉此不斷地啟發我們。

療癒師

大角星人在整個宇宙中被喻為療癒師。事實上，祂們了解如何與靈性能量共事，使用祂們的知識，來治癒你的脈輪、經絡、能量體甚至是你的DNA。給自己時間和空間，深度地放鬆，然後召請這些龍，讓祂們可以利用祂們的專業知識幫助你。祂們將會使你扎根接地、清理你的能量體、使你校正對準更高的能量，幫助你吸收能量，提升你的頻率。

祂們也將使你能夠調頻對準大角星。

光船

大角星人的光船是高度進化的。祂們穿越這個宇宙和其他宇宙，散播祂們的光和知識。光船也是療癒室，任何存有都可以在那裡重新校正對齊，根據他們的神性藍圖「重新建構」。除了「銀河系際艦隊」（Intergalactic Fleet）的七維指揮官「阿斯塔指揮官」（Commander Ashtar）的太空船以外，這些光船也是保護我們星球的部分防備措施，它們摧毀接近地球的低階能量和存在體。大角星的龍與這些光船一起旅行，速度超過光速。

吸收新的頻率

祂們的靈性知曉，可以被應用於創造力、技術、宇宙中的所有能量。來自這裡的龍在祂們的場域中，攜帶著所有這類信息，而且將它傳遞給地球上準備就緒的人們。因為祂們握有我們在這個星球上的未來藍圖，所以祂們將它傳遞給你。如果有一條橙金龍來到你身邊，要期待祂們可以逐步照亮你的隱藏密碼。

此外，祂們非常清楚人類正在設法整合現在被大量注入地球的許多高頻振動，當這些龍用祂們的橙金色能量圈住你的時候，你發現吸收和利用這些新的頻率是比較容易的。只要召請祂們，請求祂們幫助你。

大角星的星際之門

大角星是這個宇宙與其他宇宙之間的星際之門或能量之門，它也擔任維度之間的通道。許多正在進入這個銀河系的存有們，在這裡接收教導和療癒，為自己在這個層面的化身或體驗做好準備。你可以請求橙金龍基於定位和指引帶你來到這裡，那麼你將是一盞指引之光。

成為行走的大師

你正在閱讀關於這些宏偉的龍的信息並與之連結，這個事實暗示，你是「行走的大師」（Walking Master）或準備成為「行走的大師」，幫助將新的黃金時代引入地球。現在，來自大角星的橙金龍大軍，正在一起流入地球和地球附近，刺激著莫大的進化改變。

在這個星球歷史上最重要的二十年期間，你現在已經自願或被選中化成肉身。因為以前從來沒有過像這樣的雙層維度轉變，光之存有被召喚前來，擔任靈性嚮導、領導者、荷光者（light bearer）。當你發揮你的作用時，這些來自大角星的橙金龍，將以祂們的非凡光芒為你保駕護航。有祂們的支持，你可以超越所有較低階的限制，幫助地球上的人們做好準備，迎接即將到來的新黃金時代。

練習 76

造訪大角星的星際之門

1. 找到一個你可以安靜下來、不被干擾的地方。
2. 點燃一根蠟燭，獻給你與橙金龍的連結。
3. 閉上眼睛，放輕鬆。
4. 召請橙金龍，感覺到有一位這樣浩瀚、充滿光、純淨的存有在你身邊。
5. 告訴祂，你已經準備好，要成為新世界的指路明燈。
6. 那條龍帶著無限的愛看著你，將一道橙金色的光吹到你身上，讓光整個籠罩你。
   當你在光裡休息時，你可能會感覺到自己嘶嘶作響。
7. 祂詢問你是否想要造訪大角星的星際之門，而你點頭。
8. 你發現自己在祂的背上，以快過光速的速度穿越許多維度。
9. 看見前方巨型的橙金色大門時，你深吸一口氣。
10. 你的龍和你一起飄過那些微光閃爍的大門，進入一處仙境。
11. 有各種形狀和大小的存有跟你一樣來訪。

12. 你的龍帶你來到一間療癒室，在那裡，你應邀躺下來。

13. 一位小小的存有站在你的頭部旁邊，操縱著你身體內部和周圍的能量。

14. 你需要休息多久，就休息多久。

15. 你的龍接你離開，帶你回到你們開始的地方。

16. 當你睜開眼睛時，感謝那條龍，知道你內在的某樣東西已經亮了起來。

第54章
來自天琴座的白金龍

天琴座（Lyra）持有通向另一個宇宙的十字形星際之門，這扇發光的門戶內含十二維的基督之光。雖然我們現在可以打開那扇通向它的門，但是那扇能量之門內的光是令人敬畏的，超出我們目前的理解。

基督之光是「本源」的愛與智慧融合，白色是愛，金色是智慧。它逐步下降，穿越不同的頻帶，讓我們可以觸及。在第五維度，基督之光是金色，而這是我們通常體驗到它的層級。然而，自從二〇一二年以來，更多的人們曾經在金白色的七維層級觸及過它。

二〇一五年，一扇通向天狼星的已揚升面向「拉庫美」的能量之門開啟了。在這裡，基督之光以一顆白金球體被保持在九維頻率，因此現在，當我們準備就緒時，就可以觸及這顆白金球體。

大天使克里斯蒂爾與大天使瑪洛莉（Archangel Mallory，天使界的「古代智慧守護者」），照看天琴座的星際之門，這座星際之門通向一扇由白金龍（white-gold dragon）保護的能量之門。這裡持有的十二維基督能量是純淨的白色，也就是上帝的振動，內含所有愛的頻率，它是最高頻率的基督之光。

獨角獸

許多獨角獸和龍在天琴座的星際之門外，等待我們透過磁性共振將祂們吸引到地球。其中包括宏偉的金角九維獨角獸，祂們也攜帶著最高頻率的純白基督之光。當你的因果輪閃耀足夠明亮的光芒時，天使界的守門者便允許祂們進入這個宇宙。大天使克里斯蒂爾透過月球，送出一道向下的銀白色光流，讓這些龍以及獨角獸們可以進入地球的能量場。這些發光存有最終透過正在揚升的人類的因果輪，下降進入地球。

天琴座的龍保護這些獨角獸，引導祂們踏上祂們的旅程。祂們能夠做到這點是因為祂們擁有火元素以及風元素，而獨角獸屬於風元素。

DNA重新構建

大天使克里斯蒂爾與大天使瑪洛莉，現在允許透過這扇天琴座星際之門的光之密鑰和密碼，帶出我們DNA中的全新構建，使我們準備好，迎接當新的黃金時代被建立起來時，我們將要居住的水晶身體，這將會使我們全體都能夠攜帶高階許多的頻率，它將會使我們得自由，可以再次成為自我療癒的存在體，可以啟動比亞特蘭提斯黃金時期創造的任何事物都更先進的靈性技術。

天琴座的白金龍擔負的任務之一是，幫助我們在身心不耗竭的情況下取用來自天琴座明光之內的密碼。

因果輪

天琴座的白金龍，正在幫忙促進因果輪的開發和覺照。這是我們頂輪上方一間和平而寧靜的巨大密室，握有神聖女性特質，也是我們個人的月亮，這些龍為我們保護它。

我們透過這個脈輪的空間，連結到靈界的更高維度，它是我們通往小仙子、天使、龍、獨角獸等天使王國的門戶。透過它，我們也觸及發光大師、其他進化的靈、業力之主們、銀河聯邦理事會、神性能量池。

一旦我們準備就緒，一個新世界便為我們而打開。

九維基督之光

請記住，你的內在已經持有基督之光，它是你的神性出生權利，當你最初的神性火花或「單子」離開「本源」時，它就被置放在那裡。所以，你的任務是啟動這點，你從上帝那裡承繼的遺產，如果你請求，白金龍將會很樂意幫忙和引導你。當你帶著純淨的意圖請求來自白金龍的幫忙時，祂總是會出現。

留意尋找線索，那可能是你無意間聽見的話語、你閱讀的內容、手機上的一則訊息、或貨車上的標語。它可以是任何東西。

好好聆聽祂們的提示，那似乎是你自己的美麗點子或概念。白金龍（就跟天使一樣）可能會滴下一個念頭，認為你應該多喝純淨的水，或是早點上床睡覺，請祂們幫助你，或是在某個地方散步，或是休息一天不工作，或是冥想著祂們。祂們為你的至善提出的建議是無窮無盡的。

請記住，基督之光包含太陽的光和月亮的光，神聖男性和神聖女性，呈現完美的平衡。

請求來自天琴座的白金龍，帶你去到天狼星的已揚升面向「拉庫美」之中握有的九維基督能量池。請求祂們在你靜心冥想或睡覺的時候這麼做，確保你盡可能地放輕鬆，讓你的細胞可以敞開並吸收那股能量。觀想你自己在池中沐浴，池中閃爍著、迴旋著純淨的愛與光。感覺你自己吸收著所有你準備好要接收的東西。

當你返回時，持續感覺你氣場中的白金光，在日常生活中練習純淨、無條件的愛。你的氣場將會散發出難以置信的高頻白金光，同時來自天琴座的那條白金龍將會支持你，持續將基督之光注入你。花時間找到一個安靜的地方，你可以在那裡聆聽祂的智慧和指引。

照亮你的揚升之路

白金龍也幫忙照亮你可能最高的揚升之路，祂們的光十分明亮，因此當祂們上升到你的上方且張開雙翼時，就好像探照燈正照在你前方的道路上。因為祂們的頻率與我們的頻率截然不同，你可能不會有意識地覺察到這點，但是你的靈魂一定會知道。

練習 77

吸收基督之光

這個練習再簡單不過了。

1. 洗個溫水澡。
2. 進入浴缸，在溫暖的水中放鬆。
3. 請求天琴座的白金龍，用你能夠吸收的最高頻基督之光填滿水。
4. 想像白光、金光、黃光滲入你身體的細胞，注意任何更高階的想法或點子流過你腦海。

練習78

啟動你的因果輪

1. 找到一個你可以放輕鬆、不被干擾的地方。
2. 點燃一根蠟燭，獻給天琴座的白金龍。
3. 閉上眼睛，真正放鬆。
4. 覺察到你面前有一條美麗明亮的白金龍。
5. 祂邀請你騎上祂的背，於是你發現自己坐在祂的背上。
6. 你們一起飄浮穿過宇宙，直到你看見「拉庫美」在你面前。
7. 這裡有一顆你見過最明亮的巨型白金光球。
8. 那顆球打開，於是你的龍飄浮進去，坐在一池閃爍的基督之光旁邊，四周鮮花圍繞。
9. 你從龍身上下來，躺進光池裡。
10. 鳥兒對著你唱歌，歌頌著你的神性宏大莊嚴。
11. 你的龍張開雙翼，輝煌的金光如同陽光一樣照亮你。

12. 你交出自己，依次放鬆雙腳、小腿、膝蓋、大腿、肚子、太陽神經叢、胸部、雙肩、雙臂、背部、頸部、臉龐、頭部。

13. 當你準備就緒時，你的龍帶你返回你們開始的地方。

14. 祂將氣息吹入你頭頂上方的因果輪中，你可以感覺到因果輪變得愈來愈大、愈來愈明亮。

15. 最後，你想像自己透過你的因果輪跨步進入更高的靈性界域。在這裡，你接收到來自天使、獨角獸、大師、龍的賜福。

16. 休息，直到你準備就緒，才睜開眼睛。

第55章 暗藍銀河龍

發光的暗藍銀河龍（dark blue galactic dragon）是巨大的九維存有，祂們閃耀著金色的宇宙智慧，這些是祂們透過在整個宇宙的億萬年的高階服務掙得的。

祂們在恆星、行星、星座之間滑翔，駕馭和吸收著這些星球的天光，方便祂們在執行神性使命時使用。在這麼做的過程中，祂們平衡光內信息的密鑰和密碼。

恆星的天命

恆星、行星、星座都有自己的天命。雖然在那些層面的存有沒有自由意志，必須遵循靈性法則，但是祂們可以只是存在，也可以光榮地存在。暗藍銀河龍試圖帶來後者，好讓每一顆恆星以及與之連結的宇宙存有，都可以發揮他們的神性潛能。

其他層面的存有

乙太存有們居住在這個宇宙。祂們有各式各樣的形狀和顏色，而且所在的頻帶與我們不同。

隨著靈球體攝影術愈來愈流行，我很震驚允許自己被拍攝到的存有，願意讓我們看見那些照片。我看見的第一張靈球體照片，是一位來自昴宿星團的藍色存有，他沒有僵硬的形狀，而是比較像一朵雲。藍色正是我曾經觀想過的昴宿星團玫瑰的顏色。許多來自其他層面的存有讓我們看見他們，因為我們期待看見他們。暗藍銀河龍幫忙協調這個宇宙中的種種存有。祂們也將宇宙信息和智慧，傳授給任何準備就緒且敞開接收這類信息和智慧的存在體，這包括地球上的人類。藉由分享和散播光，暗藍銀河龍正在幫忙促進宇宙的合一和更高的揚升。

成為「銀河系際大使」

當你體現這份發光的智慧時，它使你敞開接受更高的可能性，尤其如果你的靈魂懷有成為「銀河系際大師」的願望。暗藍銀河龍，與負責這個宇宙的銀河系際學校的熾天使瑟若芬娜一起工作。如果你已經準備好且你的靈魂希望你這麼做，你可以在睡夢中參加這些課程。

當你的十二個脈輪敞開而活躍時，你就準備好了。然後，你接通你的意識橋梁安塔卡拉納，也就是通向「本源」的彩虹之路。你沿著彩虹之路前進，經歷許多啟蒙。然而，當你踏上意識橋梁安塔卡拉納時，那條路分成兩條，而你要做出選擇。一條是直接前進到「本源」，另一條是經由瑟若芬娜的培訓機構前進，學習擔任銀河系際大使。沒有哪一條路更勝一籌，但它們是不一樣的。你不會有意識地做出選擇，因為這個決定是在靈魂層次做出的。如果你在銀河系際服務，暗藍龍將會輕而易舉地與你連結。如果你對宇宙的靈性運作感興趣，或是你對這條龍著迷，那麼你很可能已經在入睡期間參加了銀河系際學校。你甚至可能已經是「銀河系際大師」，你的「靈」正在教導和照亮來自這顆星球和其他存在層面的其他人。

你的靈魂旅程

自從你的靈魂離開你的「單子」以來，你一直在各個宇宙旅行，且體驗了生存是怎麼一回事。為了在地球上化成肉身，你的靈魂必須至少是七維的。這是因為這顆行星被認為是最充滿挑戰的地方之一，可以在不被嚴重污染的情況下探索和導航。此外，一旦你來到這裡，你在業力上便依附於這顆星球，必須一次又一次地返回，直到所有的業力牽絆被消融掉，沒有任何東西可以把你拉回來為止。

雖然你的靈魂至少是七維的，但是當你的人格自我穿越「失憶的帷幕」時，人類的思想和情緒將你向下推，往往進入第三維度。自二〇一二年以來，光之工作者一直在努力將自己和其他每一個人帶進第五維度。隨著各地人類意識的提升，未來的新生嬰兒一定能夠維持他們的純真。

暗藍銀河龍能夠將一束九維宇宙的探照燈，照進你的「大師藍圖」（Master Blueprint），點燃內含你的靈魂的七維光芒和使命的密碼，這幫助你聆聽「宇宙的聲音」（Voice of the Universe）。

宇宙的聲音

「銀河聯邦理事會」是一個由十二位發光存有組成的機構，祂們為這個宇宙做出決定。祂們得到大量存有的支持，許多來自宇宙的不同部分，有些仍然在物質身體內。「銀河聯邦理事會」與「業力委員會」合作，後者由十二位管理業力法則的存有構成，某些存有以兩種職位提供服務。

「銀河聯邦理事會」和「業力之主們」，接收來自更高權威的指引，那就是宇宙的聲音。

造訪銀河聯邦理事會

如果你準備好要為地球和這個宇宙服務，暗藍龍就會趁你睡覺期間或靜心冥想時，帶你造訪銀河聯邦理事會。有其他存有可以引導你踏上這個崇高的旅程，包括大天使布提亞里爾（Archangel Butyalil），這位純白的宇宙存有促進宇宙氣流的流動。

當你進入銀河聯邦理事會開會的聖殿時，你可以提出改善人類、動物、地球的請求。

自二〇一五年以來，人類已被允許做出個人的懇求，只要那是基於全體的至善。提出這樣的請願是莫大的榮幸，所以好好考慮一下吧。

你也可以為世界的順利揚升貢獻你的想法和能量，畢竟，你在地球上的物質身體內，以一種理事會的成員們無法體驗到的方式體驗著人生。

當你站在銀河聯邦理事會的前面時，暗藍銀河龍正在將祂的光注入你，使你的頻率盡可能保持高階。你可以經由心靈感應與理事會的成員們或祂們的顧問溝通交流。祂們可能會舉起雙臂，邀請「宇宙的聲音」發言。放輕鬆，好好聆聽且準備好提供服務。無論你接收到什麼智慧，都可能具有改變生命的重要性。不管你是否領悟到，你現在正以某個銀河身分提供服務。

練習79

與銀河聯邦理事會會面

1. 找到一個你可以安靜下來、不被干擾的地方。
2. 點燃一根蠟燭，提升頻率，祈請一條暗藍銀河龍。

3. 閉上眼睛，放輕鬆。
4. 你可能會覺察到一條巨大的暗藍龍正在接近你，或是祂可能會縮小身形，為了你而將祂自己變得比較小。
5. 當你在能量上與這條龍連結時，要覺察到一道光開始從祂的前額發出。
6. 光觸碰到你，點燃你的「大師藍圖」的密碼。
7. 放輕鬆，深呼吸，知道某樣東西在你內在亮了起來。
8. 這條龍邀請你坐在祂的背上，你們一起飛過這個宇宙。
9. 祂帶著你進入這個宇宙的最高維度，到達銀河聯邦理事會開會的聖殿。
10. 你發現自己站在一座莊嚴聖殿的庭院裡，周圍有十二位發光存有。
11. 你的暗藍銀河龍將你托在一束光之中。
12. 如果你願意，你可以為改善人類、動物或地球，或基於你個人生命的至善提交一份請願。
13. 理事會聽取你的請願。祂們可能會舉起雙臂邀請「宇宙的聲音」發言。
14. 仔細聆聽。

15. 銀河聯邦理事會的成員們向你鞠躬，你還禮。

16. 現在退後一步，回到暗藍龍的背上，返回你們開始的地方。

17. 感謝你的龍，知道你們將會在你入眠時再次一起旅行。

第56章
阿爾法龍

巨大的阿爾法龍（alpha dragon），散發出難以置信、微光閃爍的深黑色。內在，祂們以最高頻率持有大天使麥達昶熾熱的金橙白光。祂們可以創造，也可以毀滅，祂們可以顯化和解構。

創造和顯化需要男性和女性能量的融合，阿爾法龍平衡和諧地與歐米茄龍一起工作，提供完美的陰陽平衡建造我們的世界。

這些威力強大、宏偉莊嚴的龍，參與了這個宇宙的創造，尤其參與了地球的創造。祂們與大天使麥達昶一起提供了神聖男性力量，幫助將恆星和行星用力推入顯化的世界。雖然歐米茄龍培育了「本源」心中對地球的願景，但是阿爾法龍將生命的氣息吹入地球。祂們形塑了最初的地球，隨著地球的進化和成長的新階段臨近，祂們目前又回到地球附近。

在老舊需要被摧毀的地方，阿爾法龍正與元素們一起運作，確保情況按照神性計畫發生。當火山爆發時，祂們與火龍在一起，當地震隆隆、地殼構造板塊移動或雪崩突然發生時，祂們與土龍在一起。當海嘯或潮汐波上升時，祂們忙著與水龍一起工作，祂們也與風龍一起工作，幫忙對付颶風、大風、龍捲風。阿爾法龍幫忙雕出山脈和陸地的新輪廓和形狀，祂們創造了新的區域、島嶼、大陸。祂們在摧毀亞特蘭提斯的各種實驗，以及每回再次崛起時重建新陸塊方面，發揮了重要的作用。凡是有必要為新的黃金時代形塑需要的陸地時，祂們一定會繼續這麼做。

並不是每一座島嶼或每一個國家，都注定要參與這個星球上即將到來的第六個黃金時代。某些地方將會被淹沒在水底下，讓那片土地有時間得到淨化，同時陸塊將會被推高，供人們居住。阿爾法龍將會根據新的藍圖雕出新的陸地。

然而，我們人類是共同創造者，因為我們用我們的思想和願景顯化。在我們集中光的地方，阿爾法龍可以鞏固和支撐斷層帶。在我們集中負面思維的地方，阿爾法龍可以摧毀不夠純淨的土地。我們正在對地球產生強大而重要的影響，而這些龍正在留神觀察我們的思想。祂們也與人類的集體心智一同運作，因為當人類的集體心智準備好要創造新事物的時候，這將擁有巨大的力量。

阿爾法龍只為至善而工作，祂們在這裡是為了促進所有不再為蓋亞服務的事物的解構，而且祂們正在幫忙以比我們現在享有高階許多的頻率建構新的黃金世界。

在你個人的生命中創造

當你擁有純淨的意圖，以及一份你準備好要創造的專案或心願時，不妨召請阿爾法龍。由於祂們強大、原始的男性能量，祂們可以賜予你實現你的願景的力氣。與此同時，祂們將祂們的力量吹進你個人的願景中，使它具化成形。

練習 80

幫助形塑新的世界

1. 找到一個你可以安靜下來、不被干擾的地方。
2. 想想即將到來的新黃金時代。基於全體的至善，地球上什麼是過時的，需要被摧毀？什麼需要被重新創造？（你可能會考慮曾經發生過實體毀壞等醜陋事情的某些建築物，或是過時的運輸系統，以及在整個地球上創建高頻系統、美麗的建築物，或支撐斷層帶等等。）

3. 呼喚一條阿爾法龍，留神觀看祂強壯矯健的黑色身形出現在你面前。
4. 這位乙太存有正在邀請你直接跨步進入祂的中心。
5. 你跨步穿越祂的皮膚，進入祂發著光的金橙白色內部。
6. 你被照亮，得到啟發。吸進金橙白色的光，感覺到你內在的力量。
7. 想像你對新世界的願景，讓阿爾法龍可以在你的頭腦中看見它。
8. 在那個願景之內旅行，去到你希望看見基於至善得到轉化的地方。
9. 留神觀看這條阿爾法龍吸入老舊的結構，然後呼出新的造物。
10. 把你的能量也集中在這項工程裡。看見新的建築物散發著金光。
11. 感謝這條阿爾法龍，知道你正在幫忙引進新的黃金時代。

你也可以為基於全體至善的個人創作完成這段觀想。

第57章 歐米茄龍

這些美麗而溫和的白銀龍，攜帶著創造的神聖女性振動。祂們是難以置信的光之存有團隊的一部分，這個團隊在地球誕生之前就與地球的願景一同運作，而且從那時候開始便一直與我們連結。

祂們內含「夏凱納」（Shekinah）的能量，這是非凡的高頻女性創造力，滋養著「本源」的願景。熾天使們將這個概念唱給歐米茄龍（omega dragon）聽，於是歐米茄龍開始將它化為實體的過程。如其在上，如其在下。天堂如此，人間亦復如是。

亞特蘭提斯的黃金時期提供一個完美的例子，說明創造的男性和女性能量，如何以五維方式一同運作。那時候，當一對夫妻結婚時，他們會為他們最能夠服務的那種靈魂而冥想。通常幾代同堂的大家族會跟他們一起冥想，一個或多個靈魂會做出回應，然後一個靈魂會被選定。父母之間物質身體的性行為，會提供能量和情感的爆炸，將那個靈魂的「靈」從未顯化的世界吸引下來，以便懷孕。母親會用愛、關懷、智慧，滋養胎兒、分娩、繼續照顧嬰兒。父親會建造住家、供養和保護嬰兒。

以完全相同的方式，男性和女性的能量需要共同運作，才能孕育一個點子且將它顯化成為物質實相。阿爾法龍和歐米茄龍，吸收「本源」的願景以及個人和群體的更高夢想，然後與個人和群體合作，帶來可能最佳的結果。

「夏凱納」也是高頻女性之光，相當於大天使麥達昶的高頻男性之光，而且它們一起運作。所以自二〇一二年以來，歐米茄龍一直與大天使麥達昶聯絡，為的是誕生現在來到地球的全新更高意識，為地球的全新黃金時代做好準備。

誕生出願景

美麗的白銀色歐米茄龍，與蓋亞夫人共同持有新黃金時代的願景。祂們看見我們的星球進化的神性意圖，而且，在這點正在被誕生的同時，設法以可能最好的方式支持和滋養我們。

歐米茄龍可以看透那些清明且聚焦在超越自身小小自我視界的頭腦，因此，祂們正在尋找某些個人和團體並與之連結，這些個人和團體，擁有希望基於他人的利益而產生的特殊想法，或是為人類和地球上的一切眾生握著美好未來的願景。

假如你有個為自己但也會協助他人或世界的心願，這些轉瞬即逝的龍想要幫助你。你的夢想從一個畫面開始，歐米茄龍將能量吹進你的頭腦，搧動畫面，散播新的更高意識之光。

如果一條歐米茄龍來到你身邊，或是你發現自己想著一條歐米茄龍，不妨請求祂深入檢視你，找到你的靈魂的最大渴望。時候到了，該要誕生出特殊的新專案、途徑，或之前一直保持隱藏的你的面向。讓歐米茄龍圈住你和你的專案，在「神聖女性」中滋養你，讓你可以保有你的願景，且以睿智、平衡、和諧的方式實現它。

關於「夏凱納」

「夏凱納」是一個愛與喜悅的十維宇宙，超越我們目前的理解。歐米茄龍攜帶的有創意、高頻的神聖女性能量被保存在這裡，而且祂們返回到這個地方休息和恢復，然後再次向下滑過維度，與我們一起工作。

許多來自「夏凱納」宇宙的靈，已經化成肉身來幫助地球向前邁進。對於大多數這樣的靈來說，這是他們的第一次化身，那是相當大的挑戰。雖然他們本質裡攜帶著純淨的光，但是大部分的他們都擁有十分艱難的化身，因為根本不了解地球上產生人類行為的心態。他們可能會變得相當三維，直到觸及他們的智慧且他們的光再次開啟為止。歐米茄龍自然而然地被他們所吸引，而且在可以出手的地方幫助他們。

練習 81

幫你誕生出你的願景

1. 找到一個你可以安靜下來、不被干擾的地方。
2. 閉上眼睛，在心裡將自己包裹在閃閃發光的白銀能量中。
3. 感覺到這道閃耀的白銀光向外照耀，進入宇宙，吸引一條白銀龍來到你身邊。
4. 感覺到這條龍散發出來的愛和純淨的光。
5. 請求祂深入檢視你的內心、頭腦、靈魂，看見你持守在那裡的最大的願景和潛力。
6. 讓祂拿走來自你內在的種子，然後與祂一起飛過各個維度。

7. 留神觀看祂接近圍繞著「本源」的奇妙熾天使們。
8. 看見祂拿起那顆種子，讓種子得到祂們的啟動和賜福。
9. 白銀龍攜帶著那顆種子向下穿越各個維度回到地球，而你想像那顆種子正在發芽和生長。
10. 這條美麗的龍站在你面前，將那顆發芽的種子吹過你的心，吹進你的靈魂。
11. 感覺到你內在一絲希望的火花，逐漸成為一簇熊熊燃燒的火焰。
12. 知道這條歐米茄龍，將會持續滋養及幫你照料你的願景。

第58章 本源龍

當本源龍（Source dragon）來到你身邊時，你真的很幸運，因為祂們是最高頻率的白色，有著幾乎透明的翅膀。祂們使你調頻對準「一切萬有」、「宇宙一體性」、「無窮無限」。祂們召喚你要歸於中心且保持靜定，讓你可以進入超乎我們理解的神祕世界的寂靜與驚奇。

祂們提醒你，在所有維度、銀河系、宇宙的中心都有一絲光照。這是一個無窮無限、由純然的靜定和愛構成的點，其中便是「本源的心」（Heart of Source），從那裡流出難以想像的光和聲音。這是「神格」（Godhead），被熾天使們圈住，熾天使們在「嗡」（Ohm）的振動範圍內，將「造物主的旨意」（the Will of Creator）大聲唱進宇宙中，這是以超出人類物質身體的視覺、聽覺、理解的頻率發射出去。

微光閃爍、透明的本源龍，帶著「本源」的意圖逐步下降到我們可以觸及的頻率，祂們與熾天使和宇宙天使們協調。

當你的意志和你的心願與神性旨意契合時，本源龍便用創造的神祕火焰照亮它們，將它們帶進物質實相。如果你的渴望不是有形的，舉例來說，如果你真的、衷心想要以特定的身分服務，祂們將會幫忙使你的光向外閃耀，讓你的服務之路被注意到，然後天使們被派遣到你身邊，使你準備好可以開始做這件事。

所以，如果你的心願是純淨而熱情的，但是不符合為你的人生安排的神性藍圖，怎麼辦呢？這很少發生，因為我們被十分緊湊地引導、激勵，踏上我們預先選擇的道路。不管怎樣，這是可能發生的實例。假設你曾經幾世化身都是政治人物，而且你的人生計畫是要出生在政治家庭，在那裡，你會憶起那些技能，重新喚醒為你的國家或當地服務的渴望。然後你在學校遇到了一位老師，他點燃了你內在的創造火焰。你決定要成為藝術家。這是你的自由意志，所以新的信息被輸入巨大的宇宙電腦裡，許多生命因此而改變。

一條本源龍與你一起工作，使你和你的新途徑調頻對準「無窮無限」。祂為你帶來來自熾天使們的不同音符或聲音振動，使你的全新生命抉擇和諧一致。祂將這些吹入你的心，於是你可能會感覺到它們。

在本世紀，萬古以來第一次，我們在一次化身中可以自由選擇許多不同的職業、關係或探險。本源龍正煞費苦心地重新調整我們的頻率。祂們是光的門戶，透過這些門戶，我們可以保持我們的神性連結，尤其是當我們在生命中做出澈底的改變時。

我認識許多曾經改過名字的人，換句話說，他們正在召喚新的能量進入他們的生命。本源龍幫助這些人，將頻率重新調整到符合他們的新天命。

呼吸連結本源

所有有情眾生都呼吸，因為吸入氧氣等於是連結到「本源」。如果呼吸被切斷，你就不再以物質存在體的身分存在。如果你氣喘吁吁或呼吸很淺，你感到焦慮，因為你與造物主的鏈接是比較脆弱的。另一方面，當你深入地呼吸時，你與神格的連繫是強健許多的，你感到比較安全、比較滿足。

如果你深呼吸、靜心冥想、進入寂靜，本源龍可以更密切地與你一起工作。如果你請求，祂將會積極地幫助你練習靜心冥想。

你愈是保持歸於中心、靜定而平靜，你的生命便流動得愈平穩，因為這條龍正在使你與「本源」保持連結。而當你集中在當下此刻時，你可以聆聽寂靜。你也可以維持美麗而正向的思想，所以你會自動地創造一個充滿恩典的未來。要準備好讓神聖進入你的生命。要期待魔法。

我的故事

當我得了結腸癌的時候，我病得很嚴重。持續幾個星期，我進進出出醫院，四面八方插著管，大部分時間都在睡覺。當我醒著的時候，我會聚焦在我的呼吸，觀想我的新花園開滿了五顏六色的花朵。對我來說，那是一段非常平靜的時光，因為我必須集中在當下。

當時我並沒有覺察到本源龍在我身邊，但是當我復原後，我問祂們是否曾經和我在一起。祂們回答，祂們總是抓住每一個可能的機會讓人們調頻對準「神格」。而且因為我仍舊非常靜定且歸於中心，加上思緒平靜，祂們才能夠將神性之光直接注入我的意識中。祂們給我看一張怒潮洶湧的圖片，說許多人的思想都是像那樣狂暴動盪的，所以如果祂們設法注入純白的液態光，光便立即消散或扭曲。如果頭腦宛如平靜池塘的鏡面，高頻光就可以溫和地飄進來。

更高階的心靈調頻

勃肯．托爾告訴我，他總是在當天開始工作之前調頻進入，請求天使的協助。他告訴我，在他得到他的《龍族神諭卡》之後，他調頻進入，詢問那天他為個案解讀時，哪一條龍或哪些龍願意與他一起工作。連續兩週，每天早上他抽到的都是「本源龍」牌卡。他傳簡訊給我：「你知道的，無論解讀者多麼有才華，傳遞過來的信息，一定是由直覺的頻率定義。它們振動得愈高，與『本源』愈契合，就會帶來更好、更準確、更有幫助的信息。」他補充說，本源龍校正靈媒和直覺人士，使他們對準「本源」的能量，而且這已經成為他日常歸於中心過程的重要部分。

祂們也會校正那些請求祂們的人，不只是靈媒，所以將召喚本源龍當作例行公事對每一個人都是有幫助的。

本源龍是慈愛的強大原力，祂幫助你建立通向「本源」的意識橋梁安塔卡拉納。這是從你的「星系門戶」，透過許多啟蒙和學習建立起來，向上通到你的「單子」和「本源」的連結。它加速你的揚升。

透過脈輪連結你與「本源」

1. 找到一個你可以安靜下來、不被干擾的地方。
2. 想像宇宙級鑽石圈住你的能量場。
3. 緩慢而舒服地呼吸三遍，將氣息吸入你的十二個脈輪中的每一個，這麼做的時候，全神貫注在你的氣息。
4. 從閃閃發光的銀色地球之星脈輪開始。
5. 接下來，將氣息吸入白金色的海底輪。
6. 現在繼續移動到微光閃爍的粉紅色本我輪。
7. 接下來將氣息吸入輝煌的橙色臍輪。
8. 現在輪到深金色的太陽神經叢脈輪。
9. 接下來將氣息吸入純白的心輪。
10. 繼續移動到威力強大的寶藍色喉輪。
11. 現在將氣息吸入透明的水晶球，你的眉心輪裡帶著少許的綠色。

12. 接下來，將氣息吸入透明的水晶黃頂輪。

13. 現在將氣息吸入月白色的因果輪。

14. 繼續移動到明亮的洋紅色靈魂之星脈輪。

15. 最後，將氣息吸入生氣勃勃的金橙色「星系門戶」。

16. 你現在扎根接地、敞開、校正對齊了。

17. 邀請本源龍，感應到祂以一道透明的白色閃光降落在你身邊。

18. 感覺到祂的光的純淨。

19. 請求祂將一縷純淨的白光透過你的意識橋梁安塔卡拉納，從「本源」向下帶到你的「星系門戶」。

20. 然後將那縷純淨的白光向下帶，穿透你的脈輪進入你的眉心輪。

21. 感覺到你的頭腦變得全然平靜，宛如靜止池塘的鏡面。

22. 感應到或感覺到你的意識調頻對準「無窮無限」。

23. 感謝那條本源龍，睜開眼睛。

結語——

在靈性旅途中陪你一起飛翔

一系列的元素龍在此齊聚一堂，幫助你揚升。你只是必須想到一條龍，然後祂將會與你同在。你可能看不見或聽不到祂，因為祂所在的頻率與你不同，但是你可以感應到祂的臨在而且注意到祂對你的人生造成的影響。

你個人的龍愛你，耐心地等候著與你連結。還有一條睿智、心胸開闊、高度進化的龍，可以在每一個情境裡幫助你，協助你解決人生的每一個面向。你需要更加扎根接地嗎？不妨請求土龍來幫忙。你想要更深刻的愛或浪漫或心的療癒嗎？不妨邀請粉紅龍用祂們的溫和能量觸動你。如果你致力於揚升，請召喚適當的龍來幫你擴展你的高階脈輪和保護你的旅程。

無論你想要開發身體、情緒或靈性生活的哪一個領域，不要猶豫，可以召喚各種龍來協助你。祂們忠誠、慈愛、慈悲。祂們提供工具，使你能夠更快速、更輕易地走完你的旅程。

所有這些輝煌而美麗的龍都在促進通向揚升的重大舉措。祂們幫了我很大的忙，而我衷心希望你將會與祂們連結，允許祂們在你的個人旅程上與你一起飛翔。

國家圖書館出版品預行編目（CIP）資料

龍族守護能量全書：連結你的守護龍，迎向2032年地球第六個黃金時代 / 黛安娜．庫珀（Diana Cooper）著；非語譯. -- 初版. -- 臺北市：橡實文化出版：大雁出版基地發行，2022.03
譯自：Dragons : your celestial guardians.
面；　公分
ISBN 978-626-7085-11-0（平裝）

1.宗教　2.靈修　3.龍

211　　　111000277

BC1104

龍族守護能量全書：
連結你的守護龍，迎向2032年地球第六個黃金時代

Dragons: Your Celestial Guardians

作　　者　黛安娜．庫珀（Diana Cooper）
譯　　者　非語
責任編輯　田哲榮
協力編輯　朗慧
封面設計　小草
內頁構成　歐陽碧智
校　　對　蔡函廷

發 行 人　蘇拾平
總 編 輯　于芝峰
副總編輯　田哲榮
業務發行　王綬晨、邱紹溢、劉文雅
行銷企劃　陳詩婷
出　　版　橡實文化 ACORN Publishing
地址：231030新北市新店區北新路三段207-3號5樓
電話：（02）8913-1005　傳眞：（02）8913-1056
網址：www.acornbooks.com.tw
E-mail 信箱：acorn@andbooks.com.tw
發　　行　大雁出版基地
地址：231030新北市新店區北新路三段207-3號5樓
電話：（02）8913-1005　傳眞：（02）8913-1056
讀者服務信箱：andbooks@andbooks.com.tw
劃撥帳號：19983379　戶名：大雁文化事業股份有限公司

印　　刷　中原造像股份有限公司
初版一刷　2022年3月
初版三刷　2024年1月
定　　價　450元
I S B N　978-626-7085-11-0